일본어와 우리말은 지나치게 비슷하다 1

1판 1쇄 2017년 7월 10일

저 자 이화정, Mr. Sun 어학연구소
펴 낸 곳 OLD STAIRS
출판 등록 2008년 1월 10일 제313-2010-284호
이 메 일 oldstairs@daum.net

가격은 뒷면 표지 참조
ISBN 978-89-97221-59-2

일본어와 우리말은 지나치게 비슷하다 1

日本語と韓国語はあまりにも似ている

3가지 글자의 일본어

일본어에는 세 종류의 글자가 있습니다. 일본에서 만들어진 히라가나 平仮名 / ひらがな, 카타카나 片仮名 / かたかな 와 중국에서 넘어온 한자입니다.

にほんご	ニホンゴ	日本語
히라가나	**카타카나**	**한자**

히라가나와 카타카나는 한자에서 모양을 따 만든 글자이기 때문에 가짜 글자라는 뜻으로 카나 仮名 라는 이름이 붙었지요. 그리고 한자는 진짜 글자라는 의미로 마나 真名 라고 불렀습니다. 이 3종류 글자를 어떻게 사용하는지 알아볼까요?

일반적인 글은 한자와 히라가나를 섞어서 씁니다. 그리고 외래어 · 외국어, 외국의 지명, 인명은 카타카나로 표기합니다. 히라가나와 카타카나는 각각 46자나 되기 때문에 외우기 어렵습니다. 하지만, 글자별로 발음이 정해져 있어서 한 번 외워두면 처음 보는 단어라도 발음할 수 있습니다.

일본의 한자

일본 역시 우리나라와 마찬가지로 중국에서 넘어온 한자를 사용합니다. 한 가지 다른 점이 있다면, 일본은 전체 획수를 줄여서 간략화시킨 한자를 사용하는데, 이를 신자체라고 부릅니다.

우리나라의 한자	眞 참 진	氣 기운 기	國 나라 국
일본의 한자	真 참 진	気 기운 기	国 나라 국

月

달 월

이 한자를 어떻게 읽을까요? 보통은 '월'이라고 읽지요. 그리고 이 글자가 무슨 뜻이냐고 물어보면 '달'이라고 대답할 겁니다.
이때, '월'이라고 한자의 음을 읽는 것을 음독이라고 하고, '달'이라고 한자의 뜻을 읽는 것을 훈독이라고 합니다. 한 번 더 예를 들어볼까요?

火

불 화

이 글자는 '불'이라는 의미가 있고 '화'라고 읽습니다. 이때 이 한자를 '화'라고 읽으면 음독, '불'이라고 읽으면 훈독이 됩니다. 우리나라에서는 보통 음독을 합니다. 따라서 훈독을 하는 일은 드물죠.

예를 들어, 水(물 수)를 보고 '수' 대신 '물'이라 읽는 사람은 없겠죠? 하지만 일본에서는 水를 '스이(すい, 수)'라고도 읽고, '미즈(みず, 물)'라고도 읽습니다. 이렇게 같은 글자라도 문맥이나 사용법에 따라 발음이 달라집니다.

심지어 어떤 한자는 하나의 글자인데도 발음이 수십 개나 됩니다. 그래서, 일본어에서는 한자 위나 옆에 히라가나로 한자 발음을 써주기도 하는데요, 이것을 요미가나 혹은 후리가나라고 합니다.

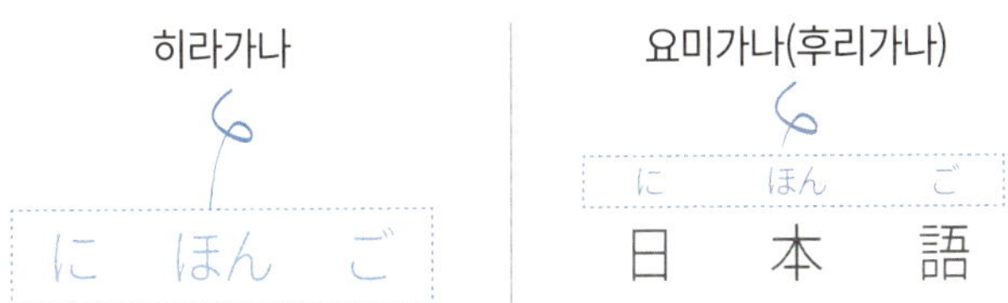

띄어쓰기

우리말에서는 띄어쓰기가 매우 중요합니다. 띄어쓰기를 어떻게 하느냐에 따라서 문장의 의미가 달라지기도 하죠. 하지만, 일본어에는 띄어쓰기가 없습니다. 신문, 소설, 교과서, 만화책 등 모든 글을 쭉 이어 붙여 씁니다. 아래 사진과 같이 말이죠.

"하지만 올드스테어즈의 일본어 교재는 띄어쓰기를 사용합니다."

이를 통해 여러분들이 더 쉽게 일본어를 학습할 수 있기 때문이죠. 일본어 띄어쓰기 원칙도 올드스테어즈에서 정했습니다. 바로 우리말 띄어쓰기 법칙을 일본어에 적용한 것인데요, 일본어와 우리말 구조가 매우 유사하다는 것을 파악한다면 일본어가 매우 친근해질 것입니다.

그건 그렇고, 일본인들은 띄어쓰기를 하지 않고도 어떻게 의미를 간결하게 읽어낼 수 있는 것일까요? 그 이유는 3가지 종류로 이루어진 일본어의 문자 체계 때문입니다. 한자, 히라가나, 카타카나는 문장 안에서 보통 다음과 같은 2가지의 구조로 반복되죠.

1 한자 + 히라가나
2 카타카나 + 히라가나

이때 히라가나 바로 뒷자리가 우리말의 일반적인 띄어쓰기 자리가 됩니다. 보통 조사와 어미는 히라가나로 쓰기 때문입니다.

한자와 히라가나, 한자와 카타카나는 생김새가 확연히 다르죠. 히라가나와 카타카나가 좀 비슷하게 생기긴 했지만, 첫눈에 구분하지 못할 정도는 아닙니다. 그래서 한자, 히라가나, 카타카나를 함께 표기하고, 각 문자가 쓰이는 상황에 대한 규칙을 만들어서 글자를 구분하는 것만으로도 띄어쓰기를 사용한 것과 같은 효과를 내는 것입니다.

그렇다면 예시를 살펴볼까요?

● 히라가나

나는	빵을	먹었습니다.
私は	パンを	食べました。
와타시와	판오	타베마시타.

반드시 알아야 할 6가지 품사

일본어를 배울 때 필요한 6개의 품사를 우리말을 이용해 배워보겠습니다.

명사_ **사물의 이름**

학교, 선생님, 물, 요리, 행복, 사랑...

대명사_ **명사 대신 편리하게 사용**

나, 너, 이것, 저것, 어디, 무엇...

조사_ **명사 뒤에 붙이는 표현**

그녀는 나에게 편지를...

동사_ **움직임의 이름**

먹다, 마시다, 사랑하다, 좋아하다...

형용사_ **명사를 꾸미고 사물의 성질이나 상태를 설명하는 것**

이 책은 좋다. / 이 책은 좋군요. / 좋은 책

부사_ **동사나 형용사를 꾸민다**

매우 좋다. / 조금 좋다. 형용사를 꾸미는 경우

지금 간다. / 어디 가니? 동사를 꾸미는 경우

더 알아봅시다!

명사에는 앞에서 배운 '원래 명사' 외에 다음과 같은 '만들어 쓰는 명사'도 있습니다.

먹기	예쁨
동사 + 어미	형용사 + 어미 활용

형용사에는 앞에서 배운 '원래 형용사' 외에 다음과 같은 '만들어 쓰는 형용사'도 있습니다.

행복하다	행복한 (사람)	사랑하는 (사람)	그의 (사람)
명사 + 어미 활용 (원래 형용사로 분류됨)	명사 + 어미 활용 (원래 형용사로 분류됨)	동사 + 어미 활용	명사 + 조사

부사에는 앞에서 배운 '원래 부사' 외에 다음과 같은 '만들어 쓰는 부사'도 있습니다.

사랑하며 (산다)	행복하게 (산다)	학교로 (간다)
동사 + 어미 활용	형용사 + 어미 활용	명사 + 조사

일본어 문법을 배운다는 것

일본어 문법을 배우는 것은 히라가나 사용법을 배우는 것과 같습니다.

일본어 문법 = 히라가나 사용법

위의 말이 어떤 의미인지 이제부터 각 품사의 사용법을 보면서 확인해보겠습니다.

명사는 주로 한자나 카타카나로 만들어집니다. 그리고 명사 뒤에 붙는 조사는 히라가나죠. 여기서 명사는 어휘, 조사는 문법의 영역이 됩니다.

동사는 의미를 담당하는 어간과, 문법을 담당하는 어미로 나뉩니다.
이 중에서 어간은 한자 혹은 한자 + 히라가나로, 어미는 히라가나로 이루어져 있죠.

형용사 역시 동사와 마찬가지로 어간과 어미로 나뉘는데,
문법을 담당하는 어미는 히라가나입니다.

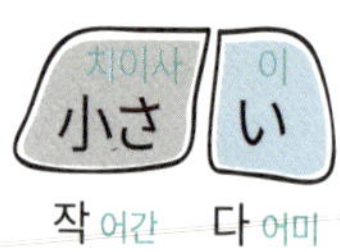

※ 그 밖에 부사는 다양한 문자로 이루어집니다. 한자로만 이루어진 것도 있고,
히라가나로만 이루어진 것도 있고, 한자와 히라가나가 섞여서 이루어진 것도 있습니다.

이와 같이 문법을 담당하는 조사와 어미는 모두 히라가나로 되어있습니다. 앞에서 설명하지는 않았지만, 조동사와 접속사도 물론 히라가나로 되어 있죠.

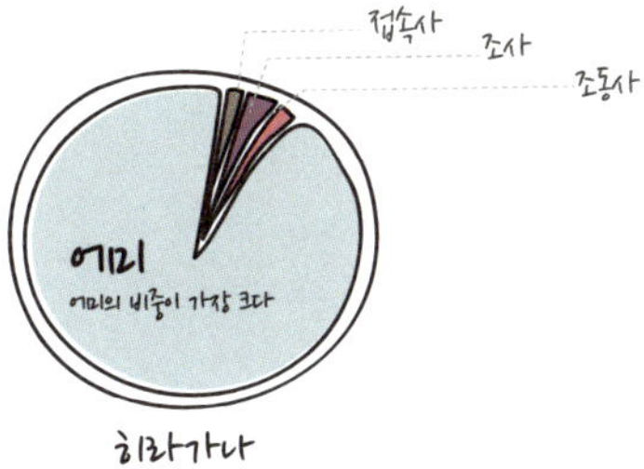

결국, 한자와 카타카나 사이에 있는 히라가나가 일본어의 문법을 결정합니다.

다음 예문과 같이 말이죠.

彼女 は	ドイツ語 で	答え た。
그녀는	독일어로	대답했다.
카노죠와	도이츠고데	코타에타.

일본어와
우리말은
지나치게
비슷하다

1

日本語と韓国語はあまりにも似ている

もくじ

목차

모쿠지

* 본문 1-400문장 14-203

부록

001

코노 니혼고노 쿄오자이와 쵸오칸탄데스.

この 日本語の 教材は 超簡単です。

002

코노 레스토란와 소무리에가 유우노오데스.

この レストランは ソムリエが 有能です。

003

코노 미세와 토마토소–스 스파겟티가 오이시이데스.

この 店は トマトソ–ス スパゲッティが おいしいです。

004

소노 삿카노 신사쿠와 환타지–데스.

その 作家の 新作は ファンタジ–です。

005

카노죠와 카조쿠 신리노 센몬카데스.

彼女は 家族 心理の 専門家です。

이 일본어 교재는 아주 간단합니다.

이 일본어의 교재는 초간단입니다.

超쵸오는 '어떤 범위를 넘어선', '정도가 심한' 따위의 뜻을 강조할 때 사용합니다.

이 레스토랑은 소믈리에가 유능합니다.

이 레스토랑은 소믈리에가 유능입니다.

です데스는 존대 표현을 만드는 데 사용합니다.

이 가게는 토마토소스 스파게티가 맛있습니다.

이 가게는 토마토소스 스파게티가 맛있다입니다.

가게의 추천 메뉴를 알려주는 내용입니다.
카레(カレー 카레-)나 라면(ラーメン 라-멘) 같은 다른 음식을 넣을 수도 있죠.

그 작가의 신작은 판타지입니다.

그 작가의 신작은 판타지입니다.

일본어로 '작가'를 作家삿카라고 합니다.
'작가'는 발음을 조심해야 하는데, '삿카아'라고 하면, 축구サッカー가 되기 때문입니다.

그녀는 가족 심리전문가입니다.

그녀는 가족 심리의 전문가입니다.

彼女카노죠는 '그녀'라는 3인칭 대명사입니다.
영어의 She와 비슷한데, She와는 달리 '여자친구'라는 뜻도 있습니다.

006

아나타노 아파-토와 지신카라 안젠데스카?

あなたの アパ-トは 地震から 安全ですか?

007

보쿠라와 코노 레스토란노 우에-타-데스.

僕らは この レストランの ウエ-タ-です。

008

치아리-딘구와 단케츠가 다이지데스.

チアリ-ディングは 団結が 大事です。

009

엔페라-펜긴가 도오부츠엔데 이치반 닌키데스.

エンペラ-ペンギンが 動物園で 一番 人気です。

010

돈나 긴코오노 킨리가 이치반 유우리데스카?

どんな 銀行の 金利が 一番 有利ですか?

당신의 아파트는 지진으로부터 안전합니까?

당신의 아파트는 지진부터 안전입니까?

일본의 アパート 아파-토는 우리가 생각하는 아파트보다는 빌라나 다세대 주택에 가깝습니다.
우리가 일반적으로 생각하는 '아파트'는 マンション 만숀이라고 하죠.

저희는 이 레스토랑의 웨이터입니다.

우리는 이 레스토랑의 웨이터입니다.

웨이터는 ウエーター 우에-타-, 웨이트리스는 ウエイトレス 우에이토레스라고 합니다.

응원 시에는 단결하는 것이 중요합니다.

응원은 단결이 중요입니다.

大事는 おおごと 오오고토 또는 だいじ 다이지라고 읽습니다.
おおごと 오오고토는 '큰일', '중대사'라는 뜻이고, だいじ 다이지는 '중요함', '소중함'이라는 뜻입니다.

황제펭귄이 동물원에서 제일 인기 있습니다.

황제펭귄이 동물원에서 가장 인기입니다.

'제일 좋아하다', '제일 중요하다'처럼 여럿 가운데서 첫째가는 것을 꼽을 때 '제일'이라는 부사를 사용합니다.
일본어로는 一番 이치반이라고 하며, 직역하면 1번이라는 뜻입니다.

어떤 은행의 금리가 가장 유리합니까?

어떤 은행의 금리가 가장 유리입니까?

일본어로 질문하는 법은 아주 간단합니다.
반말 표현은 の 노를 붙이거나 문장의 끝을 살짝 올리면 되고, 존대 표현은 か 카를 붙이면 완성이죠.

011

츠기노 **라이바루센**와 **와타시**가 **유우리**데스.

次の ライバル戦は 私が 有利です。

012

코노고로와 **스토리-민구 사-비스**가 **메쟈-**데스.

このごろは ストリ-ミング サ-ビスが メジャ-です。

013

기리시아 신와야 **츄우고쿠 신와**니 **칸신**가 **타카이**데스.

ギリシア 神話や 中国 神話に 関心が 高いです。

014

니혼 료오리와 **자이료오**가 **다이지**데스.

日本 料理は 材料が 大事です。

015

코노 **치이키**노 **온센**와 **히후**니 **이이**데스.

この 地域の 温泉は 皮膚に いいです。

다음 라이벌전은 내가 유리합니다.

다음의 라이벌전은 내가 유리입니다.

일본어의 1인칭 대명사는 私와타시, 僕보쿠, 俺오레, わし와시 등이 있습니다.
私와타시는 가장 무난하게 쓸 수 있는 '나'입니다.

요즈음은 스트리밍 서비스가 대중화되었습니다.

요즈음은 스트리밍 서비스가 메이저입니다.

このごろ코노고로는 '요사이', '요즈음'이라는 뜻입니다.
최근(最近 사이킨)이라는 단어와도 바꿔 쓸 수 있습니다.

그리스 신화랑 중국 신화에 관심이 많습니다.

그리스 신화랑 중국 신화에 관심이 높다입니다.

高い타카이는 원래 '높다'라는 뜻입니다.
하지만, '비싸다'나, '(키가) 크다'라는 의미를 나타낼 때도 高い타카이를 씁니다.

일본 요리에서 재료는 중요합니다.

일본 요리는 재료가 중요입니다.

일본의 식사 예절은 한국과 다릅니다.
숟가락보다 젓가락을 주로 사용하며, 국물을 마실 때도 국그릇을 들어서 입에 대고 마십니다.

이 지역의 온천은 피부에 좋습니다.

이 지역의 온천은 피부에 좋다입니다.

일본에는 온천이 많습니다. 큐슈九州의 유후인由布院이나 도쿄東京의 오오에도大江戸, 효고현兵庫県의 아리마有馬 온천 등이 유명하죠.

016

보쿠와 아코-스틱쿠 기타-가 이치반 스키데스.

僕は アコ-スティック ギタ-が 一番 好きです。

017

센치메-토루와 나가사노 탄이데스.

センチメ-トルは 長さの 単位です。

018

와타시노 쇼오라이노 유메와 스츄와-데스데스.

私の 将来の 夢は スチュワ-デスです。

019

소노 부로-카-노 토레-도 마-쿠와 보오시데스.

その ブロ-カ-の トレ-ド マ-クは 帽子です。

020

사바이바루와 타쿠산노 오카네가 히츠요오데스.

サバイバルは たくさんの お金が 必要です。

나는 어쿠스틱 기타를 제일 좋아합니다.

나는 어쿠스틱 기타가 제일 좋음입니다.

'기타'는 일본에서도 매우 사랑받는 악기입니다.
일렉트릭 기타는 エレキ ギター 에레키 기타-, 베이스 기타는 ベース ギター 베-스 기타-라고 합니다.

센티미터는 길이 단위입니다.

센티미터는 길이의 단위입니다.

센티미터(センチメートル 센치메-토루)는
우리말처럼 센티(センチ 센치)라고 짧게 말할 수 있습니다.

나의 장래 희망은 스튜어디스입니다.

나의 장래의 꿈은 스튜어디스입니다.

일본어로 '장래 희망'은 将来の夢 쇼오라이 노 유메라고 합니다.
직역하면 '장래의 꿈'이라는 뜻입니다.

그 브로커의 트레이드 마크는 모자입니다.

그 브로커의 트레이드 마크는 모자입니다.

です 데스는 존대 표현입니다.
'~입니다'라는 뜻이죠.

서바이벌할 때는 많은 돈이 필요합니다.

서바이벌은 많음의 돈이 필요입니다.

일본어에서는 お 오나 ご 고는 존경접두어입니다.
존경접두어는 존경의 뜻을 나타내기도 하고 말을 아름답게 꾸미는 역할을 합니다.

021

카레와 호와이토 쵸코레-토가 스키데스카?

彼は ホワイト チョコレ-トが 好きですか?

022

코레 이죠오노 하-도 토레-닌구와 켄코오니 와루이데스.

これ 以上の ハ-ド トレ-ニングは 健康に 悪いです。

023

스타-토 앗푸노 타메니와 켓소쿠가 다이지데스.

スタ-ト アップの ためには 結束が 大事です。

024

보쿠와 스모오요리 아메리칸훗토보-루가 스키데스.

僕は 相撲より アメリカンフットボ-ルが 好きです。

025

코노 쵸오고오카나 호테루와 유우메에데스.

この 超豪華な ホテルは 有名です。

그는 화이트 초콜릿을 좋아합니까?

그는 화이트 초콜릿이 좋음입니까?

'초콜릿'을 일본어로 チョコレート 쵸코레-토라고 하는데, 짧게 チョコ 쵸코라고 하기도 합니다.
ホワイトチョコレート 호와이토쵸코레-토는 ホワイトチョコ 호와이토쵸코가 됩니다.

무리한 운동은 건강에 나쁩니다.

이것 이상의 하드 트레이닝은 건강에 나쁘다입니다.

です 데스는 명사와 형용사의 존대 표현을 만들 때 사용합니다.
동사는 ます 마스라는 표현을 씁니다.

스타트 업을 위해서는 결속이 중요합니다.

스타트 업의 위해서는 결속이 중요입니다.

ために 타메니는 '~위해서'라는 뜻입니다.
우리말로는 '~을 위하여'라고 하지만, 일본어에서는 'の 노 + ために 타메니'라는 표현을 쓰죠.

저는 스모보다 미식축구를 좋아합니다.

나는 스모보다 미식축구가 좋음입니다.

相撲 스모우는 우리나라의 '씨름'과 비슷한 일본의 국기国技입니다.

이 초호화 호텔은 유명합니다.

이 초호화 호텔은 유명입니다.

조사 で 데는 '~에서' 또는 '~으로'라는 뜻입니다.
이 문장에서는 '~로'라는 의미로 사용됐습니다.

026

오레노 라이후 스타이루와 도쿠신 세에카츠가 츄우신데스.

俺の ライフスタイルは 独身 生活が 中心です。

027

와타시노 토쿠기와 우쿠레레노 엔소오데스.

私の 特技は ウクレレの 演奏です。

028

한도보-루와 오린핏쿠노 세이시키 슈모쿠데스.

ハンドボ-ルは オリンピックの 正式 種目です。

029

쵸오킨쵸오데 오나카가 이타이데스.

超緊張で お腹が 痛いです。

030

소쿠도이한노 한소쿠킨와 이쿠라데스카?

速度違反の 反則金は いくらですか?

내 라이프 스타일은 독신 생활 위주입니다.

나의 라이프 스타일은 독신 생활이 중심입니다.

俺오레는 남성이 사용하는 '나'입니다.
일본어는 1인칭 대명사가 다양해서 성별이나 상황에 따라 다르게 씁니다.

내 특기는 우쿨렐레 연주입니다.

나의 특기는 우쿨렐레의 연주입니다.

の노는 '~의'라는 조사인데, 명사와 명사 사이에 의미 없이 들어가기도 합니다.
일본어에서는 명사와 명사의 사이에 の노를 사용하여, 두 개의 명사를 연결해줍니다.

핸드볼은 올림픽 정식 종목입니다.

핸드볼은 올림픽의 정식 종목입니다.

올림픽은 オリンピック오린핏쿠 혹은 五輪고린이라고 합니다.
五輪고린은 올림픽기인 五輪旗오륜기에서 딴 이름입니다.

초긴장해서 배가 아픕니다.

초긴장으로 배가 아픔입니다.

일본어로 '배'는 お腹오나카 혹은 腹하라라고 합니다.
腹하라보다 お腹오나카가 더 정중하고 예의 바른 표현입니다.

속도위반 범칙금은 얼마입니까?

속도위반의 범칙금은 얼마입니까?

いくらですか?이쿠라 데스카?는 '얼마입니까?'라는 표현입니다.

* 다음 페이지부터는 です데스 외의 다른 표현들도 등장합니다.

일본어와 우리말은 지나치게 비슷하다

-첫날부터 잘한다-

1 이다.

2 이었다.

3 입니다.

4 이었습니다.

5 이 아니다.

6 이 아니었다.

7 이 아닙니다.

8 이 아니었습니다.

+의문문

앞으로 소개할 8문형 미리 보기

1 케에사츠 **다.**
警察 だ。 경찰**이다.**

2 케에사츠 **닷타.**
警察 だった。 경찰**이었다.**

3 케에사츠 **데스.**
警察 です。 경찰**입니다.**

4 케에사츠 **데시타.**
警察 でした。 경찰**이었습니다.**

5 케에사츠 **쟈 나이.**
警察 じゃ ない。 경찰**이 아니다.**

6 케에사츠 **쟈 나캇타.**
警察 じゃ なかった。 경찰**이 아니었다.**

7 케에사츠 **쟈 아리마센.**
警察 じゃ ありません。 경찰**이 아닙니다.**

8 케에사츠 **쟈 아리마센 데시타.**
警察 じゃ ありません でした。 경찰**이 아니었습니다.**

Tip

쟈 じゃ 와 **데와** では는 똑같이 부정을 나타내는 말이지만,
말을 할 때는 주로 **쟈** じゃ 를, 글을 쓸 때는 주로 **데와** では를 사용합니다.

쟈 じゃ 말을 할 때	警察 케에사츠	じゃ 쟈	なかった 나캇타	: 경찰이 아니었어.
데와 では 글을 쓸 때	警察 케에사츠	では 데와	なかった 나캇타	: 경찰이 아니었다.

031

소노 도라마노 타이토루와 「후렌즈」닷타.

その ドラマの タイトルは 「フレンズ」だった。

032

카노죠노 쥬우쇼치와 오키나와데와 아리마센데시타카?

彼女の 住所地は 沖縄では ありませんでしたか?

033

카레노 토쿠기와 기타-쟈 나캇타.

彼の 特技は ギター じゃ なかった。

034

소노 히토와 인테리아 데자이나데와 나캇타.

その 人は インテリア デザイナでは なかった。

035

이이에, 와타시노 카반쟈 아리마센.

いいえ、私の カバンじゃ ありません。

그 드라마 제목은 「프렌즈」였다.

그 드라마의 제목은 「프렌즈」였다.

일본 드라마를 일드, 미국 드라마를 미드라고 줄여서 부르죠?
일본에서도 한국 드라마를 韓ドラ칸도라, 미국 드라마를 アメドラ아메도라라고 줄여 말합니다.

그녀의 주소지는 오키나와 아니었습니까?

그녀의 주소지는 오키나와가 아닙니다이었습니까?

沖縄오키나와는 일본의 대표적 휴양지입니다.
원래는 琉球류우큐우라는 독립 왕국이었지만, 메이지 시대에 일본의 영토로 편입됐습니다.

그의 특기는 기타가 아니었다.

그의 특기는 기타가 아니었다.

부정 표현을 만들 때는 じゃ쟈나 では데와의 뒤에 부정 표현을 붙이는데,
じゃ쟈는 '구어체', では데와는 '문어체'입니다.

그 사람은 인테리어 디자이너가 아니었다.

그 사람은 인테리어 디자이너가 아니었다.

일본어의 부정 표현 ない나이는 '없다'와 '아니다' 양쪽 모두 사용할 수 있습니다.
보통, じゃ쟈나 では데와를 쓰면 '아니다', が가를 쓰면 '없다'로 해석합니다.

아니요, 제 가방이 아닙니다.

아니요, 나의 가방이 아닙니다.

실제로는 아니요(いいえ 이이에)보다, 다릅니다(違います 치가이마스)를 더 많이 씁니다.
딱 잘라 '아니요'라고 하기보다는 돌려 말하는 쪽이 '일본인 같은' 회화법인 것이죠.

036

코토시노 쿠리스마스와 게츠요오비쟈 나이.

今年の クリスマスは 月曜日じゃ ない。

037

쿄넨 모랏타 / 푸레젠토와 부로-치쟈 아리마센데시타.

去年 もらった / プレゼントは ブローチじゃ ありませんでした。

038

카노죠와 NHK노 칸반 아나운사-데시타.

彼女は NHKの 看板 アナウンサ-でした。

039

코노 삿카가 와타시노 로-루모데루다.

この 作家が 私の ロ-ルモデルだ。

040

랏슈아와-노 치카테츠와 쵸오만인데스.

ラッシュアワ-の 地下鉄は 超満員です。

올해 크리스마스는 월요일이 아니다.

올해의 크리스마스는 월요일이 아니다.

우리나라는 크리스마스와 석가탄신일이 공휴일입니다.
하지만 일본은 둘 다 공휴일이 아닙니다.

작년에 받은 선물은 브로치가 아니었습니다.

작년 받았다 / 선물은 브로치가 아닙니다이었습니다.

일본어로 '작년'은 去年 쿄넨과 昨年 사쿠넨 2가지가 있습니다.
去年 쿄넨은 일반적인 회화에서 쓰는 '구어체'이고, 昨年 사쿠넨은 '문어체'입니다.

그녀는 NHK의 간판 아나운서였습니다.

그녀는 NHK의 간판 아나운서였습니다.

NHK는 일본 방송 협회 Nippon Hoso Kyokai 의 약자입니다.
우리나라의 KBS 같은 공영 방송국이죠.

이 작가가 나의 롤모델이다.

이 작가가 나의 롤모델이다.

この 코노는 '이'라는 의미의 지시대명사입니다.
여러 가지 중에서 '이것'을 찍어 말하는 것이죠.

러시아워의 지하철은 초만원입니다.

러시아워의 지하철은 초만원입니다.

만원(満員 만인)에 超 쵸오를 붙여서 사람이 매우 많음을 강조하고 있습니다.

041

카노죠노 리포-토와 유우슈우쟈 아리마센데시타카?

彼女の リポ-トは 優秀じゃ ありませんでしたか?

042

카노죠와 다이엣토 단스노 코오시데와 나이.

彼女は ダイエット ダンスの 講師では ない。

043

와타시와 오렌지가 아마리 스키쟈 나이.

私は オレンジが あまり 好きじゃ ない。

044

키미노 카메라니 보오스이노 키노오와 나이?

君の カメラに 防水の 機能は ない?

045

쿠리스마스노 파-티-노 도레스 코-도와 아카닷타.

クリスマスの パ-ティ-の ドレス コ-ドは 赤だった。

그녀의 리포트는 우수하지 않았습니까?

그녀의 리포트는 우수가 아닙니다이었습니까?

부정 표현의 과거형은
부정형인 ありません아리마센에 과거형인 でした데시타를 덧붙여서 만듭니다.

그녀는 다이어트 댄스 강사가 아니다.

그녀는 다이어트 댄스의 강사가 아니다.

ダンス단스는 발음에서 알 수 있듯이 영어 dance에서 온 표현입니다.
춤(踊り 오도리)과 같은 단어이지요.

나는 오렌지를 그다지 좋아하지 않는다.

나는 오렌지가 그다지 좋음이 아니다.

좋아하다를 의미하는 好きだ스키다는 が가와 한 쌍을 이룹니다.
'が가 + 好きだ스키다'를 공식처럼 외우는 게 좋습니다.

너의 카메라에 방수 기능은 없어?

너의 카메라에 방수의 기능은 없다?

일본어의 부정 표현 ない나이는 '없다'와 '아니다' 양쪽 모두 사용할 수 있습니다.
조사나 문맥을 읽고 '없다'인지 '아니다'인지 잘 구별해야 합니다.

크리스마스 파티의 드레스 코드는 빨강이었다.

크리스마스의 파티의 드레스 코드는 빨강이었다.

일본어는 명사와 명사가 바로 이어질 수 없습니다.
그래서 조사가 필요 없어도, 명사와 명사 사이에 아무 의미 없는 の노를 넣어주기도 합니다.

046

아노 콧카이기인와 쿄오이쿠 세에사쿠니
셋쿄쿠테키데와 나이.

あの 国会議員は 教育 政策に 積極的では ない。

047

이샤가 소노 사츠진 지켄노 한닌쟈 나캇타?

医者が その 殺人 事件の 犯人じゃ なかった?

048

키노오노 스페샤루 메뉴-와 난데시타카?

昨日の スペシャル メニュ-は 何でしたか?

049

소노 오렌지와 오-가닛쿠노 오렌지데와 아리마센.

その オレンジは オ-ガニックの オレンジでは ありません。

050

코노 테스토가 사이고쟈 나캇타?

この テストが 最後じゃ なかった?

저 국회의원은 교육 정책에 적극적이지 않다.

저 국회의원은 교육 정책에 적극적이 아니다.

우리나라와 달리 일본 국회는 참의원(상원)과 중의원(하원)으로 이루어진 양원제입니다.

의사가 그 살인 사건 범인 아니었어?

의사가 그 살인 사건의 범인이 아니었다?

우리나라에서 의사의 '사' 자에는 스승 사(師)를 쓰지만, 일본어에서는 사람 자(者)를 씁니다.

어제의 스페셜 메뉴는 무엇이었습니까?

어제의 스페셜 메뉴는 무엇이었습니까?

일본어로 '어제'는 きのう 키노오 혹은 さくじつ 사쿠지츠라고 합니다.
さくじつ 사쿠지츠는 격식을 차릴 때 쓰는 표현이고, 보통은 きのう 키노오라고 합니다.

그 오렌지는 유기농 오렌지가 아닙니다.

그 오렌지는 유기농의 오렌지가 아닙니다.

일본어로 '유기농'을 オーガニック 오-가닛쿠라고 하는데,
영어 organic을 일본식으로 발음한 것입니다.

이 시험이 마지막 아니었어?

이 시험이 마지막이 아니었다?

우리말에서 '최초'나 '최후'는 좀 딱딱한 표현이지만,
일본어는 최초(最初 사이쇼)나 최후(最後 사이고)를 일상적으로 씁니다.

051

레스린구노 타이토루 맛치와 오모시로쿠 나캇타?

レスリングの タイトルマッチは おもしろく なかった?

052

아-몬도와 아마리 스키쟈 아리마센.

ア-モンドは あまり 好きじゃ ありません。

053

후유니모 코노 헤야노 온도와 타카캇타데스.

冬にも この 部屋の 温度は 高かったです。

054

테스토노 마에니와 벤쿄오요리 소오지가 타노시이.

テストの 前には 勉強より 掃除が 楽しい。

055

소레와 라이넨 하츠바이 요테에노 푸로구라무쟈 나이?

それは 来年 発売 予定の プログラムじゃ ない?

레슬링 타이틀 매치는 재미없었어?

레슬링의 타이틀 매치는 재미있지 않았다?

い이 형용사를 부정형으로 바꿀 때는 마지막 글자 い이를 く쿠로 바꾸고,
그 뒤에 ない나이나 ありません아리마센을 붙입니다.

아몬드는 그다지 좋아하지 않습니다.

아몬드는 그다지 좋음이 아닙니다.

あまり아마리는 '그다지'나 '별로'라는 뜻으로, 부정문과 쌍을 이룹니다.
같은 의미로 別に베츠니라는 표현도 있습니다.

겨울에도 이 방의 온도는 높았습니다.

겨울에도 이 방의 온도는 높았다입니다.

조사와 조사를 연결해서 '~랑은', '~와도' 같은 표현을 만들 수 있죠. 일본어도 마찬가지입니다.
이 문장에서는 に니와 も모가 붙어서 '~에도'라는 표현이 쓰였습니다.

시험 전에는 공부보다 청소가 재밌다.

시험의 앞에는 공부보다 청소가 즐겁다.

'공부'를 한자로는 工夫라고 씁니다. 일본어로는 くふう쿠후우라고 읽는데, '연구', '궁리'라는 뜻이죠.
'공부'는 勉強벤쿄오라고 합니다.

그것은 내년 발매 예정인 프로그램 아냐?

그것은 내년 발매 예정의 프로그램이 아니다?

사실 來와 来는 같은 한자입니다. 일본에서는 획을 간략화한 한자를 빈번하게 사용하는데,
이를 '신자체'라고 합니다. 때문에 우리나라에서 쓰는 한자와 생김새가 다른 경우도 있습니다.

056

아노 카반와 부란도노 한도밧구쟈 나이.

あの カバンは ブランドの ハンドバッグじゃ ない。

057

카레와 푸로 테니스 센슈쟈 아리마센데시타카?

彼は プロ テニス 選手じゃ ありませんでしたか?

058

카노죠와 부란도니 아마리 칸신가 나캇타.

彼女は ブランドに あまり 関心が なかった。

059

신칸센와 쵸오코오소쿠렛샤데와 나이.

新幹線は 超高速列車では ない。

060

치리노 테스토와 이가이토 칸탄쟈 아리마센데시타.

地理の テストは 意外と 簡単じゃ ありませんでした。

저 가방은 브랜드 핸드백이 아니다.

저 가방은 브랜드의 핸드백이 아니다.

'저'라는 뜻의 지시대명사 あの아노는, 길에서 사람을 잡을 때나 가게에서 점원을 부를 때도 사용합니다.
あの、すみません。아노, 스미마센. 이라고 말이죠.

그는 프로 테니스 선수가 아니었습니까?

그는 프로 테니스 선수가 아닙니다이었습니까?

일본어로 질문하는 법은 아주 간단합니다.
문장의 마지막에 か?카?를 붙이면 되는데, 반말은 の?노?를 붙이거나 말끝을 조금 올려줍니다.

그녀는 브랜드에 그다지 관심이 없었다.

그녀는 브랜드에 그다지 관심이 없었다.

일본어의 부정 표현 ない나이는 '없다'로도,
'아니다'로도 쓸 수 있어서 문맥과 조사를 살펴 해석해야 합니다.

신칸센은 초고속열차가 아니다.

신칸센은 초고속열차가 아니다.

新幹線신칸센은 우리나라의 KTX에 해당하는 일본의 고속철도입니다.

지리 테스트는 의외로 간단하지 않았습니다.

지리의 시험은 의외와 간단이 아닙니다이었습니다.

'의외 意外'는 '전혀 생각이나 예상을 하지 못함'을 뜻하는 말인데요,
일본어로도 意外이가이라고 합니다.

061

아나타노 신넨노 카쿠고와 난데시타카?

あなたの 新年の 覚悟は 何でしたか?

062

코노 갓코오노 코오샤토 코오몬와 치카쿠 나이.

この 学校の 校舎と 校門は 近く ない。

063

코노 아파-토노 칸리닌와 마지메쟈 나캇타?

この アパ-トの 管理人は まじめじゃ なかった?

064

카반니와 노-토노 호카니 나니모 나캇타.

カバンには ノ-トの 他に 何も なかった。

065

소레와 세에넨시키노 토키노 비데오데와 나캇타.

それは 成年式の 時の ビデオでは なかった。

당신의 신년 각오는 뭐였습니까?

당신의 신년의 각오는 무엇이었습니까?

일본에서는 설을 **お正月**오쇼오가츠라고 합니다. 이때 **お節料理**오세치료오리라는 명절 요리를 먹는데, 말린 청어 알, 장수를 의미하는 새우 등 길한 의미를 지닌 음식을 찬합에 담아낸 요리를 말합니다.

이 학교의 교사와 교문은 가깝지 않다.

이 학교의 교사와 교문은 가깝지 않다.

い이 형용사의 부정 표현은 마지막 글자 **い**이를 **く**쿠로 바꾼 뒤에 **ない**나이를 덧붙여서 만듭니다.

이 아파트의 관리인은 성실하지 않았어?

이 아파트의 관리인은 성실이 아니었다?

まじめ마지메는 '성실하다', '착실하다'라는 뜻입니다.
사람을 칭찬할 때 많이 씁니다.

가방에는 노트 말고 아무것도 없었다.

가방에는 노트의 외에 무엇도 없었다.

他호카는 '다른 것', '딴 것'이라는 명사입니다.
여기에 조사 **に**니가 붙어서 '~외에', '따로'라는 부사로 쓰였습니다.

그것은 성년식 때 비디오가 아니었다.

그것은 성년식의 때의 비디오가 아니었다.

일본에서 '성년식'은 굉장히 중요한 행사입니다.
성인의 날을 국가 공휴일로 지정해서 축하할 정도죠.

히라가나, 카타카나 (50음도)

일본어 고유 글자인 히라가나와 카타카나 표입니다.
하나의 소리마다 일본어 문자가 2개씩 있습니다.
그림에서 왼쪽 위 글자는 히라가나이고, 오른쪽 아래 글자는 카타카나입니다.
똑같은 소리가 나는 글자들은 자세히 보면 생김새도 닮았습니다.

일본어를 읽으려면 앞의 글자를 모두 암기해야 합니다.
하지만 한꺼번에 외우려고 하지 마세요.
조금씩 꾸준히 학습하고,
예문을 통해 자연스럽게 암기하는 것이 중요합니다.

맑은 소리, 흐린 소리, 비틀린 소리

아래에 있는 네 글자의 차이는 무엇일까요?

ひ	び	ぴ	ひゃ
청음	탁음	반탁음	요음

ひ

먼저, 청음을 보겠습니다.
히라가나 50음도에 있는 글자네요. 이렇게 50음도에 있는 보통의 글자를 청음이라고 합니다.

び

두 번째로 탁음을 보겠습니다.
자세히 보니 ひ히 오른쪽 위에 점 2개가 붙어 있네요. 저 점은 탁점 혹은 텐텐이라고 부릅니다. 텐은 '점'이라는 뜻이죠. 이렇게 탁점이 찍힌 음을 '탁음'이라고 부릅니다.

탁음은 '탁한 소리'라는 뜻인데, 실제로는 탁하다기보다 청음에 비해 성대를 더 많이 사용하는 소리입니다. 중요한 것은, 음절의 첫소리가 아래 4개의 행에 해당하는 청음만 탁음으로 만들 수 있다는 것인데요.

ㅋ	ㅅ	ㅌ	ㅎ
か카 행	さ사 행	た타 행	は하 행

이제 청음이 탁음으로 어떻게 변화하는지 볼까요? 복잡해 보이지만 사실은 매우 당연한 것들입니다. 따라서 쉽게 이해할 수 있습니다.

か 카	き 키	く 쿠	け 케	こ 코
		↓		
が 가	ぎ 기	ぐ 구	げ 게	ご 고
さ 사	し 시	す 스	せ 세	そ 소
		↓		
ざ 자	じ 지	ず 즈	ぜ 제	ぞ 조
		주의		
た 타	ち 치	つ 츠	て 테	と 토
		↓		
だ 다	ぢ 지	づ 즈	で 데	ど 도
は 하	ひ 히	ふ 후	へ 헤	ほ 호
		↓		
ば 바	び 비	ぶ 부	べ 베	ぼ 보

이때, 주의할 점은 だ 다 행의 발음입니다. だ 다 행의 발음이 불규칙적이므로, ぢ 지와 じ 지가 같은 발음이 되고, づ 즈와 ず 즈가 같은 발음이 되어버립니다.

ぢ 지 · じ 지 · づ 즈 · ず 즈, 이 4개 글자를 よつがな 요츠가나 라고 합니다. 이 중에서 주로 쓰는 건 ざ 자 행의 じ 지와 ず 즈입니다. ぢ 지와 づ 즈는 몇몇 경우를 제외하고 잘 사용하지 않는 글자입니다.

ぴ

세 번째로 **반탁음**을 보겠습니다.
이 역시, 탁음처럼 글자의 오른쪽 위에 무언가 덧붙여져 있습니다. 이 동그라미를 **반탁점** 혹은 丸 마루 라고 부릅니다. 丸 마루 는 동그라미라는 뜻입니다. 청음에 반탁점을 붙이면 반탁음이 됩니다.

반탁음은 청음과 탁음의 중간에 있는 음으로, 반만 탁한 소리라는 뜻입니다. 오직 **は 하 행만 반탁음**으로 만들 수 있습니다. 반탁점이 붙으면 は 하 는 ぱ 파 가 되죠.

ㅎ	は 하	ひ 히	ふ 후	へ 헤	ほ 호
↓			↓		
ㅍ	ぱ 파	ぴ 피	ぷ 푸	ぺ 페	ぽ 포

ひゃ

마지막으로 **요음**을 보겠습니다.
ひ 히 옆에 작게 붙은 것은 **50음도**의 や 야 입니다. 두 글자처럼 보이지만 하나의 글자로 취급합니다. や 야 를 청음의 절반 정도의 크기로 작게 만든 다음, 마치 탁점처럼 청음 옆에 붙인 것입니다.

や 야 뿐만 아니라 ゆ 유, よ 요 역시도 이런 방식으로 줄여서 사용할 수 있습니다. 이렇게 만들어진 글자를 요음이라고 부릅니다. 요음은 굽은 소리라는 뜻입니다. 굽은 소리가 어떤 의미인지 알아보기 위해 다음을 비교해 보겠습니다.

ひや 히야 / ひゆ 히유 / ひよ 히요

또박또박 말한다

ひゃ 햐 / ひゅ 휴 / ひょ 효

한 번에 빨리 말한다

왼쪽은 그냥 두 글자를 나열한 것입니다. 반면 오른쪽은 요음을 사용했습니다. 결국 **요음은 작게 쓰고 한번에 읽는다**라고 정리할 수 있습니다.

요음은 무작정 외우는 것이 아니라 눈으로 익히는 것입니다.
먼저 청음이 요음으로 변하는 모습을 살펴보겠습니다.

청음

い이	→	や야	ゆ유	よ요
き키		きゃ캬	きゅ큐	きょ쿄
し시		しゃ샤	しゅ슈	しょ쇼
ち치		ちゃ챠	ちゅ츄	ちょ쵸
ひ히		ひゃ햐	ひゅ휴	ひょ효
⋮		⋮	⋮	⋮

요음은 청음뿐만 아니라, 탁음이나 반탁음에도 붙일 수 있습니다.
탁음과 반탁음은 자음을 변화시키지만, 요음은 모음을 변화시키기 때문입니다.

탁음

い이	→	や야	ゆ유	よ요
ぎ기		ぎゃ갸	ぎゅ규	ぎょ교
じ지		じゃ쟈	じゅ쥬	じょ죠
ぢ지		ぢゃ쟈	ぢゅ쥬	ぢょ죠
び비		びゃ뱌	びゅ뷰	びょ뵤

반탁음

い이	→	や야	ゆ유	よ요
ぴ피		ぴゃ퍄	ぴゅ퓨	ぴょ표

요음은 오직 い이 단에만 붙일 수 있습니다.

066

스쿠란부루엣구토 오무레츠, 돗치가 이이?

スクランブルエッグと オムレツ、どっちが いい?

067

키미모 캬라메루가 스키?

君も キャラメルが 好き?

068

카노죠가 우에딘구도레스노 데자이나-닷타?

彼女が ウエディングドレスの デザイナ-だった?

069

바렌타인데-노 타메노 레시피데와 아리마센카?

バレンタインデ-の ための レシピでは ありませんか?

070

보쿠와 온라인 게-무가 스키쟈 나이.

僕は オンライン ゲ-ムが 好きじゃ ない。

스크램블드에그와 오믈렛, 어느 쪽이 좋아?

스크램블드에그와 오믈렛, 어느 쪽이 좋다?

a와 b 중에서 무엇이 더 좋은지 물어보는 문장입니다.
이때 いい이이는 好き스키로 바꿔 쓸 수 있습니다.

너도 캐러멜 좋아해?

너도 캐러멜이 좋음?

일본어에서 '좋다'는 好きだ스키다 혹은 いい이이라고 합니다.
好きだ스키다는 사람 혹은 무언가를 '좋아한다'는 의미고, いい이이는 '좋다', '괜찮다'라는 뜻입니다.

그녀가 웨딩드레스 디자이너였어?

그녀가 웨딩드레스의 디자이너였다?

일본어 문장의 의문형을 만들 때, 존대 표현은 마지막에 か?카?를 덧붙입니다.
반말 표현은 の?노?를 덧붙이거나, 말끝을 조금 올리죠.

밸런타인데이를 위한 요리법 아니었습니까?

밸런타인데이의 위함의 레시피가 아니었습니까?

ため타메는 '위함'이라는 뜻입니다.
ため타메 뒤에 に니를 붙이면 '~을 위하여', '~때문에'라는 뜻을 지닌 조사가 됩니다.

나는 온라인 게임을 좋아하지 않는다.

나는 온라인 게임이 좋음이 아니다.

'좋아하다'라는 의미의 好きだ스키다는 な나 형용사입니다.
な나 형용사와 명사는 활용 방법이 같습니다.

071

키미모 미스테리-노 쟌루가 스키?

君も ミステリ-の ジャンルが 好き?

072

닌키 레스토란노 요야쿠와 타이헨데시타.

人気 レストランの 予約は 大変でした。

073

지신토 츠나미노 뉴-스닷타.

地震と 津波の ニュ-スだった。

074

와타시와 스키-야 스이에에 나도
운도오가 아마리 스키쟈 나이.

私は スキ- や 水泳 など 運動が あまり 好きじゃ ない。

075

카레와 와타시노 다이가쿠노 센파이데시타.

彼は 私の 大学の 先輩でした。

너도 미스터리 장르 좋아해?

너도 미스터리의 장르가 좋음?

우리말로는 '~(을)를 좋아하다'라고 하지만, 일본어에서는 が가 + 好きだ스키다라고 합니다.
이런 예외 표현은 공식처럼 외우는 게 좋습니다.

인기 있는 레스토랑을 예약하기 힘들었다.

인기 레스토랑의 예약은 큰일이었다.

大変타이헨은 다양하게 쓸 수 있는 표현입니다.
'몹시', '대단히'라는 의미의 부사로도 쓰고, '힘들다', '큰일이다'라는 표현으로도 쓰죠.

지진과 쓰나미에 관한 뉴스였다.

지진과 쓰나미의 뉴스였다.

地震지신은 일본어로 '지진'을 뜻합니다. 환태평양 조산대에 위치한 일본은 지진의 발생빈도가 높죠.
참고로 지진에 의한 재해는 震災신사이라고 합니다.

나는 스키나 수영 등의 운동을 그다지 좋아하지 않는다.

나는 스키와 수영 등 운동이 그다지 좋음이 아니다.

사물을 나열할 때 쓰는 조사로는 や야와 と토가 있습니다.
이 중, や야는 '~나 ~가 있다'처럼 어떤 것을 대표적으로 선택해서 나열할 때 씁니다.

그는 나의 대학 선배였습니다.

그는 나의 대학의 선배였습니다.

일본에서는 2~3년제 대학을 短期大学탄키다이가쿠, 4년제 대학을 大学다이가쿠라고 합니다.

076

지다이노 사기노 사이반데시타.

地代の 詐欺の 裁判でした。

077

츠나미가 핫세에스루 / 카노오세에와 히쿠쿠 나이.

津波が 発生する / 可能性は 低く ない。

078

치리와 와타시노 센몬분야데와 아리마센.

地理は 私の 専門分野では ありません。

079

아노 센세에와 뉴우시 센몬카데와 아리마센데시타.

あの 先生は 入試 専門家では ありませんでした。

080

카레와 시리츠 토쇼칸노 시쇼데와 아리마센데시타.

彼は 市立 図書館の 司書では ありませんでした。

지대(땅값) 사기 재판이었습니다.

지대의 사기의 재판이었습니다.

です데스는 과거형으로 변하면 でした데시타가 됩니다.
부정형은 ありませんでした아리마센데시타라고 하죠.

쓰나미가 발생할 가능성은 작지 않다.

쓰나미가 발생하다 / 가능성은 낮지 않다.

津波츠나미는 지진이나 화산 폭발로 인해 일어나는 지진 해일을 말합니다.
일본에서는 '산사태'를 山津波야마츠나미라고도 합니다.

지리는 나의 전문분야가 아닙니다.

지리는 나의 전문분야가 아닙니다.

専門센몬은 '전문'이라는 뜻으로 우리말과 활용법이 유사합니다.
그래서 전문의는 専門医센몬이, 전문가는 専門家센몬카라고 하지요.

저 선생님은 입시 전문가가 아니었습니다.

저 선생님은 입시 전문가가 아닙니다이었습니다.

우리는 보통 '선생先生'에 '님'이라는 존칭을 붙이지만,
일본에서는 그냥 先生센세에라고 합니다.

그는 시립 도서관의 사서가 아니었습니다.

그는 시립 도서관의 사서가 아닙니다이었습니다.

圖와 図는 같은 한자입니다. 일본에서는 획을 간략화한 한자를 빈번하게 사용하는데,
이를 '신자체'라고 합니다. 때문에 같은 한자라도 우리가 쓰는 한자와는 생김새가 다르기도 합니다.

081

마루치쇼오호오와 사기쟈 아리마센카?

マルチ商法は 詐欺じゃ ありませんか?

082

카레와 사기 지켄노 히가이샤쟈 아리마센데시타.

彼は 詐欺 事件の 被害者じゃ ありませんでした。

083

아나타와 야키가 츠메타쿠 아리마센카?

あなたは 夜気が 冷たくありませんか?

084

카가쿠노 분야노 나카니모, 토쿠니 부츠리가 키라이데시타.

科学の 分野の 中にも、特に 物理が 嫌いでした。

085

아나타토 와타시와 아이마이나 칸케에다.

あなたと 私は 曖昧な 関係た。

멀티상법(다단계)은 사기가 아닙니까?

멀티상법은 사기가 아닙니까?

일본에서는 '다단계'를 マルチ商法마루치쇼오호오라고 합니다.
マルチ마루치는 다단계의 영어 표현인 multi-level marketing의 multi를 일본어로 읽은 것이죠.

그는 사기 사건의 피해자가 아니었습니다.

그는 사기 사건의 피해자가 아닙니다이었습니다.

과거의 존대 부정 표현은 ありませんでした아리마센데시타입니다.
부정 표현 ありません아리마센과 과거형 でした데시타가 결합한 형태죠.

당신은 밤공기가 차갑지 않습니까?

당신은 밤공기가 차갑지 않습니까?

일본어는 인칭 대명사가 굉장히 다양한데,
그중에서 あなた아나타는 2인칭 대명사 중 가장 공손한 표현입니다.

과학 분야 중에서, 특히 물리를 싫어합니다.

과학의 분야의 중에도, 특에 물리가 싫다이었습니다.

이 문장에서는 2개의 조사, に니와 も모를 연결해서 '~에도'라는 표현을 사용하고 있습니다.

당신과 나는 애매한 관계다.

당신과 나는 애매한 관계다.

関係칸케에는 '관계'라는 뜻인데,
일본어에서 関係 ない칸케에나이라고 하면 '상관없다'라는 의미입니다.

086

쿠리스마스노 케-키와 치-즈 케-키쟈 아리마센데시타.

クリスマスの ケ-キは チ-ズ ケ-キじゃ ありませんでした。

087

아나운사- 스타이루노 메-캿푸와 도오?

アナウンサ- スタイルの メ-キャップは どう?

088

쵸오온파 켄사노 카가쿠와 이쿠라데시타카?

超音波 検査の 価額は いくらでしたか?

089

카노죠와 피아노 쿄오시츠노 센세에쟈 나캇타.

彼女は ピアノ 教室の 先生じゃ なかった。

090

아파-토노 칸리닌와 소오온니 빈칸데와 아리마센.

アパ-トの 管理人は 騒音に 敏感では ありません。

크리스마스 케이크는 치즈 케이크가 아니었습니다.

크리스마스의 케이크는 치즈 케이크가 아닙니다이었습니다.

일본에서 크리스마스는 공휴일이 아니지만 큰 기념일로 여겨서,
때가 되면 지인들끼리 케이크를 먹거나 선물을 주고받습니다.

아나운서 스타일의 메이크업은 어때?

아나운서 스타일의 메이크업은 어떻다?

메이크업make-up은 일본어로 メーキャップ메-캬푸 혹은 メイクアップ메이쿠앗푸라고 합니다.
짧게 メイク메이쿠라고만 하기도 하고요.

초음파 검사의 가격은 얼마였습니까?

초음파 검사의 가격은 얼마였습니까?

でした데시타는 です데스의 과거형입니다.
부정 표현은 ありませんでした아리마센데시타입니다.

그녀는 피아노 교실의 선생님이 아니었다.

그녀는 피아노 교실의 선생님이 아니었다.

우리는 보통 '선생先生'에 '님'이라는 존칭을 붙이지만,
일본에서는 별도의 존칭 표현 없이 그냥 先生센세에라고 합니다.

아파트의 관리인은 소음에 민감하지 않습니다.

아파트의 관리인은 소음에 민감이 아닙니다.

アパート아파-토와 아파트는 같은 말 같지만, アパート아파-토는 빌라나 다세대 주택에 가깝습니다.
우리가 일반적으로 생각하는 '아파트'는 マンション만숀이라고 하죠.

091

카레노 슈미와 휘규아노 슈우슈우다.

彼の 趣味は フィギュアの 収集だ。

092

카노죠노 슈미모 피아노 엔소오닷타.

彼女の 趣味も ピアノ 演奏だった。

093

부라우스노 사이즈가 소레요리 치이사캇타?

ブラウスの サイズが それより 小さかった?

094

게스토하우스노 료오킨가 호테루요리 야스캇타.

ゲストハウスの 料金が ホテルより 安かった。

095

소노 센쿄오시와 밋숀스쿠-루노 코오쵸오데와 나캇타.

その 宣教師は ミッションスク-ルの 校長では なかった。

그의 취미는 피겨 수집이다.

그의 취미는 피겨의 수집이다.

だ다는 '~이다'라는 뜻입니다.
명사나 な나 형용사의 뒤에 붙어서 '~다'라는 표현으로 쓰입니다.

그녀의 취미도 피아노 연주였다.

그녀의 취미도 피아노 연주였다.

이 문장은 취미를 설명하는 내용입니다.
피아노 연주 대신 독서(読書 도쿠쇼), 게임(ゲーム 게-무) 등으로 바꿔 쓸 수 있습니다.

블라우스 사이즈가 그것보다 작았어?

블라우스의 사이즈가 그것보다 작았다?

일본어의 지시대명사에는
이것(これ 코레), 그것(それ 소레), 저것(あれ 아레), 어느 것(どれ 도레) 등이 있습니다.

게스트하우스 요금이 호텔보다 쌌다.

게스트하우스의 요금이 호텔보다 쌌다.

일본어로 '비싸다'는 高い타카이, '싸다'는 安い야스이라고 합니다.
'값'은 値段네단이라고 합니다.

그 선교사는 미션스쿨의 교장이 아니었다.

그 선교사는 미션스쿨의 교장이 아니었다.

부정 표현 ない나이는 현재 표현입니다.
과거형은 なかった나캇타라고 하죠.

096

갓코오카라 뵤오인마데 산분 구라이데시타.

学校から 病院まで 3分 ぐらいでした。

097

카레라와 자이산 운요오노 센몬카쟈 나캇타.

彼らは 財産 運用の 専門家じゃ なかった。

098

소노 이에노 카자이도오구노 타이한가 비루토인닷타.

その 家の 家財道具の 大半が ビルトインだった。

099

에레베-타-가 카이단요리 벤리쟈 아리마센카?

エレベ-タ-が 階段より 便利じゃ ありませんか?

100

소노 다이가쿠노 마스콧토와 코아라쟈 아리마센카?

その 大学の マスコットは コアラじゃ ありませんか?

학교에서 병원까지 3분 정도 걸립니다.

학교부터 병원까지 3분 정도였습니다.

조사 から카라와 まで마데는 쌍으로 외우는 게 좋습니다.
から카라는 '~부터', まで마데는 '~까지'라는 뜻이죠.

그들은 재산 운용 전문가가 아니었다.

그들은 재산 운용의 전문가가 아니었다.

일본어에서 복수 표현을 만들 때는 たち타치나 ら라를 씁니다.

그 집 가재도구의 태반이 붙박이였다.

그 집의 가재도구의 태반이 붙박이였다.

태반太半은 우리말로 '대부분'을 의미하죠.
일본어에서는 한자 太 클 태 대신 大 큰 대 를 사용하여 大半타이한이라고 합니다.

엘리베이터가 계단보다 편리하지 않습니까?

엘리베이터가 계단보다 편리가 아닙니까?

より요리는 '~보다'라는 뜻입니다. 앞에 있는 것과 뒤에 있는 것을 비교할 때 쓰죠.

그 대학교 마스코트는 코알라 아닙니까?

그 대학교의 마스코트는 코알라가 아닙니까?

일본에서는 2~3년제 대학을 短期大学탄키다이가쿠, 4년제 대학을 大学다이가쿠라고 합니다.

명사 뒤에는 조사

다음 밑줄 친 우리말 표현은 조사입니다.

나는　내가　나도　나를　나의

조사는 위와 같이 주로 명사 혹은 대명사나 수사 뒤에 오며, 문장 내에서 명사의 역할을 분명하게 해줍니다. 일본어 역시 몇 가지 예외를 제외하면 우리말과 조사 용법이 비슷합니다.

읽어보세요!

우리말에서도 조사와 조사를 붙여 쓰는 경우가 있습니다.

예를 들면, 그와는 결혼하고 싶지 않아.
친구에게도 말하지 않았습니다. 처럼 말이죠.

일본어에서도 역시 마찬가지로 조사와 조사를 붙여 쓸 수 있습니다.

그와는 결혼하고 싶지 않아.
彼とは 結婚 したく ない。 카레 토와 켓콘 시타쿠 나이.

친구에게도 말하지 않았습니다.
友達にも 言いません でした。 토모다치 니모 이이마센 데시타.

다음은 가장 흔히 쓰이는 조사 11가지입니다. 꼭 예문까지 통째로 외워두세요.

는 (은)	は 와	彼 は 韓国人 です。 카레 와 칸코쿠진 데스.	그는 한국인입니다.
가 (이)	が 가	彼 が 犯人 です。 카레 가 한닌 데스.	그가 범인입니다.
도	も 모	彼 も 韓国人 です。 카레 모 칸코쿠진 데스.	그도 한국인입니다.
를 (을)	を 오	彼 を 見ろ。 카레 오 미로.	그를 봐라.
의	の 노	彼 の 弟。 카레 노 오토오토.	그의 남동생
와 (과)	と 토	彼 と 彼女。 카레 토 카노죠.	그와 그녀
에서	で 데	家 で 이에 데	집에서
에게 (에)	に 니	家 に 行く。 이에 니 이쿠.	집에 가다.
으로	へ 에	家 へ 帰る。 이에 에 카에루.	집으로 돌아가다.
부터	から 카라	1時 から 이치지 카라	1시부터
까지	まで 마데	2時 まで 니지 마데	2시까지

101

카레와 타쿠시-노 운텐슈쟈 나캇타.

彼は タクシ-の 運転手じゃ なかった。

102

카노죠와 후란스고노 센세에데와 아리마센데시타.

彼女は フランス語の 先生では ありませんでした。

103

아노 히토와 사-쿠루노 센파이쟈 나이?

あの 人は サ-クルの 先輩じゃ ない?

104

소노 타쿠시- 운텐슈노 운텐와 죠오즈쟈 나캇타.

その タクシ- 運転手の 運転は 上手じゃ なかった。

105

카레와 삿카-치-무노 칸토쿠데와 아리마센데시타.

彼は サッカ-チ-ムの 監督では ありませんでした。

그는 택시 운전사가 아니었다.

그는 택시의 운전사가 아니었다.

일본어에서는 명사 뒤에 바로 명사가 올 수 없으므로,
명사와 명사 사이에 의미 없이 の노를 넣어주기도 합니다.

그녀는 프랑스어 선생님이 아니었습니다.

그녀는 프랑스어의 선생님이 아닙니다이었습니다.

부정 표현인 ありません아리마센의 뒤에 과거를 뜻하는 でした데시타가 붙어서
ありませんでした아리마센데시타라는 표현이 만들어졌습니다.

저 사람은 동아리 선배 아냐?

저 사람은 동아리의 선배가 아니다?

길에서 사람을 잡을 때나 가게에서 점원을 부를 때, あの、すみません。아노, 스미마센.이라고 합니다.
이 あの아노는 원래 '저'라는 지시대명사입니다.

그 택시 운전사의 운전은 능숙하지 않았다.

그 택시 운전사의 운전은 잘함이 아니었다.

上手죠오즈는 '일을 잘한다', '말을 잘한다' 같이 평가하는 '잘한다'에 쓰는 표현입니다.
'잘한다', '능숙하다'라는 뜻이죠.

그는 축구팀 감독이 아니었습니다.

그는 축구팀의 감독이 아닙니다이었습니다.

彼카레는 영어의 He에 해당하는 '그'입니다. 彼氏카레시라고 하면 '남자친구'라는 뜻입니다.

106

사이바- 스페-스와 미치노 세카이쟈 아리마센.

サイバ- スペ-スは 未知の 世界じゃ ありません。

107

엔지니아린구와 보쿠노 분야데와 아리마센.

エンジニアリングは 僕の 分野では ありません。

108

코노 티-캇푸와 시카데 이쿠라데스카?

この ティ-カップは 市価で いくらですか?

109

소노 카메라만노 타이도와 혼토오니 후카이데시타.

その カメラマンの 態度は 本当に 不快でした。

110

코노 마와리니 쥬우타쿠와 아리마센.

この 周りに 住宅は ありません。

사이버 스페이스는 미지의 세계가 아닙니다.

사이버 스페이스는 미지의 세계가 아닙니다.

우리는 '세계'보단 '세상'을 일반적으로 사용하지만,
일본은 '세상'보다 '세계(世界 세카이)'를 더 일반적으로 사용합니다.

엔지니어링은 저의 분야가 아닙니다.

엔지니어링은 나의 분야가 아닙니다.

'나의 분야'에 대한 문장입니다.
과학(科学 카가쿠), 문학(文学 분가쿠), 디자인(デザイン 데자인) 등으로 바꿔 쓸 수 있습니다.

이 찻잔은 시가로 얼마입니까?

이 찻잔은 시가로 얼마입니까?

いくらですか? 이쿠라데스카?는 '얼마입니까?'라는 뜻입니다.
식당, 카페, 옷가게 등 다양한 곳에서 쓸 수 있죠.

그 카메라맨의 태도는 정말로 불쾌했습니다.

그 카메라맨의 태도는 정말에 불쾌였습니다.

本当に 혼토오니는 '정말로'나 '진짜로'처럼 강조할 때 쓰는 말입니다.
같은 의미로 マジで 마지데라는 표현이 있는데, 젊은 층에서 주로 쓰는 속어입니다.

이 주변에 주택은 없습니다.

이 주변에 주택은 없습니다.

周り 마와리는 중심을 기준으로 그 둘레나 근처를 말합니다.
가까운 곳이나 근처를 말할 때는 近く 치카쿠라고 하죠.

111

아노 센슈노 슈비 한이와 휘-루도노 이치부데와 아리마센데시타.

あの 選手の 守備 範囲は フィ-ルドの 一部では ありませんでした。

112

키샤노 슛파츠마데 요유우가 아리마센.

汽車の 出発まで 余裕が ありません。

113

소우루 오린핏쿠와 이츠닷타?

ソウル オリンピックは いつだった?

114

카노죠니와 아리바이가 아리마센.

彼女には アリバイが ありません。

115

코노 구레-노 하이부릿도노 단푸와 요쿠 나이.

この グレ-の ハイブリッドの ダンプは よく ない。

저 선수의 수비 범위는 필드의 일부가 아니었습니다.

저 선수의 수비 범위는 필드의 일부가 아닙니다이었습니다.

부정 표현을 만들 때는 じゃ 쟈나 では 데와를 사용하는데,
じゃ 쟈는 일상회화에서 쓰는 '구어체'고, では 데와는 '문어체'입니다.

기차 출발 시각이 얼마 남지 않았습니다.

기차의 출발까지 여유가 없습니다.

일본어의 부정 표현은 '없다'와 '아니다'라는 뜻을 모두 가지고 있습니다.

서울 올림픽은 언제였지?

서울 올림픽은 언제였다?

서울 올림픽은 1988년에 개최되었습니다.
2020년 올림픽 개최 예정지는 일본(日本 니혼)의 도쿄(東京 토오쿄오)입니다.

그녀에게는 알리바이가 없습니다.

그녀에게는 알리바이가 없습니다.

2개의 조사 に 니와 は 와를 합치면 '~에게는'이라는 표현이 됩니다.

이 회색 하이브리드 덤프는 좋지 않다.

이 회색의 하이브리드의 덤프는 좋지 않다.

좋다(いい 이이)는 활용할 때 い 이가 よ 요로 변합니다.
그래서 전혀 다른 단어로 보이기도 하죠.

116

아네와 츄우갓코오노 센세에데와 아리마센데시타.

姉は 中学校の 先生では ありませんでした。

117

카레노 슈미와 아니메 칸소오다.

彼の 趣味は アニメ 感想だ。

118

나이후토 스토로-와 세루후사-비스데스카?

ナイフと ストロ-は セルフサ-ビスですか?

119

소노 도큐멘타리-와 논휘쿠숀쟈 나캇타.

その ドキュメンタリ-は ノンフィクションじゃ なかった。

120

모노레-루니와 한도루가 아리마센카?

モノレ-ルには ハンドルが ありませんか?

언니는 중학교 선생님이 아니었습니다.

언니는 중학교의 선생님이 아닙니다이었습니다.

우리는 성별에 따라 손위 누이를 '언니'라고도 하고, '누나'라고도 합니다.
하지만 일본은 그런 구분 없이 姉아네라고 합니다.

그의 취미는 애니메이션 감상이다.

그의 취미는 애니메이션 감상이다.

애니메이션을 일본어로 アニメーション아니메-숀이라고 합니다.
짧게 アニメ아니메라고도 하죠.

나이프와 빨대는 셀프서비스입니까?

나이프와 빨대는 셀프서비스입니까?

사물을 나열할 때 쓰는 조사로는 や야와 と토가 있습니다.
이 중에서, や야는 '나이프나 빨대가 있다'처럼 대상을 열거하는 데 사용합니다.

그 다큐멘터리는 실화가 아니었다.

그 다큐멘터리는 논픽션이 아니었다.

なかった나캇타는 ない나이의 과거 표현입니다. '아니었다' 혹은 '없었다'라는 뜻이죠.
긍정 표현은 だった닷타입니다.

모노레일에는 핸들이 없습니까?

모노레일에는 핸들이 없습니까?

일본어의 부정 표현은 '없다'라는 뜻과 '아니다'라는 뜻을 함께 가지고 있습니다.

121

부란치와 스쿠란부루엣구쟈 아리마센데시타카?

ブランチは スクランブルエッグじゃ ありませんでしたか?

122

쿄오노 메뉴-와 토마토토 푸레엔 오무레츠다.

今日の メニュ-は トマトと プレ-ンオムレツだ。

123

렌아이니모 스키루가 히츠요오다.

恋愛にも スキルが 必要だ。

124

도요오비노 신야 라지오와 스키쟈 나이.

土曜日の 深夜 ラジオは 好きじゃ ない。

125

코노 숏푸노 오-나-와 인도진데와 아리마센데시타카?

この ショップの オ-ナ-は インド人では ありませんでしたか?

브런치는 스크램블드에그가 아니었습니까?

브런치 는 스크램블드에그 가 아닙니다 이었습니까?

브런치를 시리얼(シリアル 시리아루)이나 토스트(トースト 토-스토) 등으로도 바꿔 쓸 수 있습니다.

오늘의 메뉴는 토마토랑 플레인 오믈렛이다.

오늘 의 메뉴 는 토마토 와 플레인 오믈렛 이다.

오믈렛은 프랑스식 달걀부침인데,
우리가 흔히 알고 있는 오므라이스オムライス는 오믈렛이 일본식으로 변형된 것이죠.

연애에도 기술이 필요하다.

연애 에도 기술 이 필요 다.

'필요하다'라는 의미의 **必要だ** 히츠요오다는 **な**나 형용사입니다.
같은 뜻을 가진 다른 표현으로는 동사 **要る** 이루가 있습니다.

토요일 심야 라디오는 좋아하지 않는다.

토요일 의 심야 라디오 는 좋음 이 아니다.

월요일은 **月曜日** 게츠요오비, 화요일은 **火曜日** 카요오비, 수요일은 **水曜日** 스이요오비,
목요일은 **木曜日** 모쿠요오비, 금요일은 **金曜日** 킨요오비, 일요일은 **日曜日** 니치요오비라고 합니다.

이 가게의 주인은 인도인 아니었습니까?

이 가게 의 주인 은 인도인 이 아닙니다 이었습니까?

인도를 프랑스(フランス 후란스)나 브라질(ブラジル 부라지루) 등으로 바꿔 말할 수 있습니다.
人 진은 변하지 않습니다.

126

코오노 디나-와 산도윗치쟈 아리마센데시타카?

今日の ディナ-は サンドウィッチじゃ ありませんでしたか?

127

에디타-토시테 카레노 캬리아와 메챠쿠챠닷타.

エディタ- として 彼の キャリアは めちゃくちゃだった。

128

카쵸오노 카이기노 쥰비가 후소쿠닷타.

課長の 会議の 準備が 不足だった。

129

카레노 와이후와 엔지니아쟈 아리마센데시타카?

彼の ワイフは エンジニアじゃ ありませんでしたか?

130

코노 푸로제쿠토노 세키닌샤와 와타시데와 나이.

この プロジェクトの 責任者は 私では ない。

오늘 저녁 메뉴는 샌드위치 아니었습니까?

오늘의 저녁은 샌드위치가 아닙니다이었습니까?

샌드위치는 サンドウィッチ 산도윗치 혹은 サンドイッチ 산도잇치라고도 합니다.

에디터로서 그의 경력은 엉망진창이었다.

에디터로서 그의 경력은 엉망이었다.

めちゃくちゃ 메챠쿠챠는 '엉망진창' 이라는 뜻인데,
어떠한 상황이 뒤섞여 정신이 없는 경우도 めちゃくちゃ 메챠쿠챠라고 합니다.

과장의 회의 준비가 부족했다.

과장의 회의의 준비가 부족이었다.

사장은 社長 샤쵸오, 부장은 部長 부쵸오, 과장은 課長 카쵸오, 사원은 社員 샤인이라고 합니다.
직원은 職員 쇼쿠인이라고 하죠.

그의 아내는 엔지니어가 아니었습니까?

그의 아내는 엔지니어가 아닙니다이었습니까?

문장 속 엔지니어를 회사원(会社員 카이샤인), 의사(医者 이샤) 등으로 바꿔 쓸 수 있습니다.

이 프로젝트의 책임자는 내가 아니다.

이 프로젝트의 책임자는 내가 아니다.

부정형을 만들 때 쓰는 조사 じゃ 쟈와 では 데와는
구어체, 문어체라는 차이만 있을 뿐, 용법은 같습니다.

지시대명사 : 이것, 저것...

화장실은 저기입니다.

그 가방이 마음에 드네요.

이걸로 주세요.

위에 있는 3개 예문처럼 우리는 일상에서 지시대명사를 많이 사용합니다. 일본에서도 지시대명사를 자주 씁니다. 쇼핑하거나 주문할 때 제품명이나 메뉴를 읽지 못하더라도, 손가락으로 물건이나 메뉴판을 가리키면서 이거 달라고 할 수 있으니까 지시대명사는 여러모로 유용한 표현이지요.

우리말의 지시대명사는 이 내 쪽에 가까운 것, 그 상대방 쪽에 가까운 것, 저 양쪽 모두에게 멀리 있는 것, 어느 의문 로 이루어져 있지요? 일본어도 마찬가지입니다.

これ	それ	あれ	どれ
코레 : 이것	소레 : 그것	아레 : 저것	도레 : 어느 것

위의 4가지는 사물을 가리키는 표현입니다. 이를 응용해서 장소와 방향을 가리킬 수 있지만, 우선은 위의 4개 표현을 확실하게 외워두세요. 그리고 나면 응용하는 것은 어렵지 않습니다. 따라서 바로 다음 장에 있는 응용표현은 이후에 천천히 공부하셔도 좋습니다.

	こ 코 내 쪽	そ 소 상대 쪽	あ 아 둘 다 먼	ど 도 의문
사물	これ 코레 이것	それ 소레 그것	あれ 아레 저것	どれ 도레 어느 것
명사 수식	この 코노 이	その 소노 그	あの 아노 저	どの 도노 어느
장소	ここ 코코 여기	そこ 소코 거기	あそこ 아소코 저기	どこ 도코 어디
방향	こっち 콧치 이쪽	そっち 솟치 그쪽	あっち 아치 저쪽	どっち 돗치 어느 쪽
방향 정중한 표현	こちら 코치라 이쪽	そちら 소치라 그쪽	あちら 아치라 저쪽	どちら 도치라 어느 쪽

이 중에서도 あの 아노 는 영어의 'excuse me.'나 우리말의 '저기요.' 같은 역할도 합니다. 길에서 사람을 잡고 길이나 방향을 물어볼 때, 가게에서 점원을 부를 때 흔히 あの、すみません。아노, 스미마센. 이라고 하지요.

읽어보세요!

방향의 지시대명사는 이쪽저쪽 같은 단순한 방향은 물론, 이쪽은 '내 친구 김 씨입니다.' 나 '저쪽이 입구입니다.' 같이 사람을 소개하거나 장소를 가리킬 때도 사용할 수 있습니다. 반말과 존댓말 표현이 나뉘어 있는 것도 방향 지시대명사의 특징인데, 반말에는 **こそあど** 코소아도 와 **ち** 치 사이에 **っ** ㅅ 를 넣어서 쓰기도 합니다.

こち 코치 そち 소치 あち 아치 どち 도치	+	っ	=	こっち 콧치 そっち 솟치 あっち 앗치 どっち 돗치

131

코노 맛토와 메-카- 쇼오힌데와 아리마셍.

この マットは メ-カ- 商品では ありません。

132

센소오노 켓카와 히게키데시타.

戦争の 結果は 悲劇でした。

133

카노죠와 오마에노 코-치데와 나이.

彼女は お前の コ-チでは ない。

134

코노 캿치후레-즈와 오모시로쿠 나이.

この キャッチフレ-ズは おもしろく ない。

135

카레와 사바이바루노 스페샤루리스토쟈 아리마센카?

彼は サバイバルの スペシャルリストじゃ ありませんか?

이 매트는 메이커 상품이 아닙니다.

이 매트는 메이커 상품이 아닙니다.

지시대명사에는 이(これ 코노), 그(それ 소노), 저(あれ 아노), 어느(どれ 도노) 등이 있습니다.

전쟁의 결과는 비극이었습니다.

전쟁의 결과는 비극이었습니다.

でした 데시타는 です 데스의 과거 표현입니다.
우리말로 직역하면 '~였습니다'라는 의미죠.

그녀는 너의 코치가 아니다.

그녀는 너의 코치가 아니다.

お前 오마에는 상대방을 낮추어 부르는 뉘앙스의 '너'입니다.

이 캐치프레이즈는 재미있지 않다.

이 캐치프레이즈는 재미있지 않다.

い이 형용사를 부정형으로 쓸 때는 마지막 글자 い이를 く 쿠로 바꾸고,
ない나이나 ありません아리마센을 붙이면 됩니다.

그는 서바이벌 전문가 아닙니까?

그는 서바이벌의 전문가가 아닙니까?

일본어로 질문하는 법은 아주 간단합니다. 문장의 마지막에 か?카?를 붙이는 것이죠.
반말은 の?노?를 붙이거나 말끝을 조금 올려주면 됩니다.

136

쿠이즈 타이카이노 쇼오힌와 토이렛토 페-파-다.

クイズ 大会の 賞品は トイレット ペ-パ-だ。

137

콘카이노 운텐멘쿄 시켄와 야사시캇타데스.

今回の 運転免許 試験は 易しかったです。

138

보쿠와 츄우가쿠노 토키 삿카-부노 캬푸텐데시타.

僕は 中学の 時 サッカ-部の キャプテンでした。

139

카노죠가 코오코오세에노 토키 체스 챠피온닷타?

彼女が 高校生の 時 チェス チャンピオンだった?

140

카레노 엣세에와 카노죠노 모노요리 파-훼쿠토닷타?

彼の エッセイは 彼女の ものより パ-フェクトだった?

퀴즈 대회 상품은 화장실 휴지다.

퀴즈 대회의 상품은 화장실 휴지다.

トイレット ペーパー토이렛토 페-파-는 '화장실에서 사용하는 두루마리 휴지'를 말합니다.
갑 티슈는 ティッシュ팃슈 혹은 ティッシュペーパー팃슈페-파라고 합니다.

이번 운전면허 시험은 쉬웠습니다.

이번의 운전면허 시험은 쉬웠다입니다.

やさしい야사시이는 優しい야사시이라고 쓰면 '상냥하다', '다정하다'라는 뜻이,
易しい야사시이라고 쓰면 '쉽다'라는 뜻이 됩니다.

나는 중학교 때 축구부 캡틴이었습니다.

나는 중학교의 때 축구부의 캡틴이었습니다.

우리말에서 시대(時代 지다이)라고 하면 좀 고풍스러운 느낌이지만, 일본에서는 흔히 쓰는 표현입니다.
이 문장에서도 中学時代츄우가쿠지다이라고 바꿔 쓸 수 있습니다.

그녀가 고등학생 때 체스 챔피언이었어?

그녀가 고등학생의 때 체스 챔피언이었다?

彼女카노죠는 '그녀'라는 뜻 외에도 '여자친구'라는 뜻도 있습니다.
문맥을 통해 '그녀'인지 '여자친구'인지 구별해야 합니다.

그의 수필은 그녀의 것보다 완벽했어?

그의 에세이는 그녀의 것보다 완벽이었다?

より요리는 '~보다'라는 뜻입니다. 두 대상을 비교할 때 사용합니다.

141

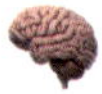

카노죠와 신리 소오단노 센몬카다.

彼女は 心理 相談の 専門家だ。

142

슈쥬츠노 세에코오노 카노오세에와 타카쿠 나캇타.

手術の 成功の 可能性は 高く なかった。

143

오레와 호테루 레스토란노 셰후데와 아리마센.

俺は ホテル レストランの シェフでは ありません。

144

이마노 아메리카노 다이토오료오와 다레?

今の アメリカの 大統領は 誰?

145

코레와 키혼자 아리마센카?

これは 基本じゃ ありませんか?

그녀는 심리 상담 전문가다.

그녀는 심리 상담의 전문가다.

그녀가 어떤 방면의 전문가인지 알려주는 문장입니다.
심리 상담 대신 교육(教育 쿄오이쿠)이나 기계(機械 키카이) 등으로 바꿔 말할 수 있습니다.

수술 성공 가능성은 높지 않았다.

수술의 성공의 가능성은 높지 않았다.

일본어에서는 명사 뒤에 바로 명사가 올 수 없습니다.
그래서 명사와 명사 사이에 の노를 넣어주는데, 이때의 の노는 아무 의미도 없습니다.

나는 호텔 레스토랑 셰프가 아닙니다.

나는 호텔 레스토랑의 셰프가 아닙니다.

俺오레는 남성이 사용하는 '나'입니다.
일본어 1인칭 대명사는 私와타시, 僕보쿠, 俺오레 등이 있습니다.

지금 미국 대통령은 누구야?

지금의 미국의 대통령은 누구?

우리나라에서는 미국을 한자로 쓸 때, 美國이라고 씁니다.
하지만 일본에서는 米国베에코쿠 혹은 アメリカ아메리카라고 합니다.

이것은 기본 아닙니까?

이것은 기본이 아닙니까?

사물을 지칭하는 지시대명사에는
그것(それ 소레), 저것(あれ 아레), 어느 것(どれ 도레) 등이 있습니다.

146

콘도노 텐지카이노 테-마와 「미라이」다.

今度の 展示会の テ-マは「未来」だ。

147

소레와 민조쿠노 코유우노 카루차-데와 아리마센.

それは 民族の 固有の カルチャ-では ありません。

148

코노 치이키노 토쿠산부츠와 낫토오쟈 아리마센.

この 地域の 特産物は 納豆じゃ ありません。

149

카레라토와 캬리아노 사가 오오키쿠 나이?

彼らとは キャリアの 差が 大きく ない?

150

오마에노 오휘스마데 치카테츠데 니지칸쟈 나캇타?

お前の オフィスまで 地下鉄で 2時間じゃ なかった?

이번 전시회의 테마는 「미래」다.

이번의 전시회의 테마는 「미래」다.

카타카나로 된 단어를 보면 중간에 '-'라는 기호가 있는데,
이것은 '장음 기호'로, 앞글자를 길게 발음하라는 뜻입니다.

그것은 민족 고유 문화가 아닙니다.

그것은 민족의 고유의 문화가 아닙니다.

일본어에는 명사 뒤에 바로 명사가 올 수 없습니다.
그래서 명사와 명사 사이에는 아무 의미 없는 の노를 넣어주기도 하죠.

이 지역 특산물은 낫토가 아닙니다.

이 지역의 특산물은 낫토가 아닙니다.

納豆낫토오는 우리나라의 청국장과 비슷한 일본의 전통 발효 식품입니다.

그들과는 경력의 격차가 크지 않아?

그들과는 경력의 차이가 크지 않다?

일본어에서는 '우리'라는 말이 따로 없고,
'나'라는 1인칭 대명사에 복수형 표현인 たち타치나 ら라를 붙여서 사용합니다.

너희 사무실까지 지하철로 2시간 아니었어?

너의 사무실까지 지하철로 2시간이 아니었다?

우리말과 달리 일본어는 인칭 대명사가 굉장히 다양합니다.

151

카레와 데자-토 카훼노 오-나-쟈 나이.

彼は デザ-ト カフェの オ-ナ-じゃ ない。

152

테-부루니 나푸킨토 한카치가 아리마센데시타카?

テ-ブルに ナプキンと ハンカチが ありませんでしたか?

153

무카시니와 효오겐노 지유우가 쥬우요오데와 아리마센데시타.

昔には 表現の 自由が 重要では ありませんでした。

154

코노 덴센와 쵸오코오아츠다.

この 電線は 超高圧だ。

155

쿄오노 슈쿠다이와 스으가쿠데와 나이.

今日の 宿題は 数学では ない。

그는 디저트 카페 주인이 아니다.

그는 디저트 카페의 주인이 아니다.

彼카레는 '그'라는 뜻입니다.
영어의 He와 같은 말이죠.

테이블에 냅킨과 손수건이 없었습니까?

테이블에 냅킨과 손수건이 없습니다이었습니까?

손수건을 의미하는 ハンカチ 한카치는 ハンカチーフ 한카치-후의 줄임말로, handkerchief에서 유래한 단어입니다.

옛날에는 표현의 자유가 중요하지 않았습니다.

옛날에는 표현의 자유가 중요가 아닙니다이었습니다.

조사 に니와 は와를 합치면 '~에는'이라는 표현이 됩니다.

이 전선은 초고압이다.

이 전선은 초고압이다.

この코노가 명사 앞에 오면, 여러 개 중에서 하나를 '이것'을 콕 찍어서 말하는 것입니다.

오늘 숙제는 수학이 아니다.

오늘의 숙제는 수학이 아니다.

今日는 2가지 방법으로 읽을 수 있는데, きょう 쿄오는 일상 회화에서 쓰는 '오늘'이고, こんにち 콘니치는 '오늘날'이나 '요즘' 같은 진지한 느낌입니다.

156

부라지루와 산바 카-니바루가 유우메에데와 아리마센카?

ブラジルは サンバ カ-ニバルが 有名では ありませんか?

157

키미 츄우갓코오노 토키 토쇼부쟈 나캇타?

君 中学校の 時 図書部じゃ なかった?

158

「텐치소오조오」와 미케란제로노 사쿠힌다.

「天地創造」は ミケランジェロの 作品だ。

159

아나타니 코노 스으가쿠노 쥬교오와 무즈카시이데쇼오.

あなたに この 数学の 授業は 難しいでしょう。

160

코토시노 노오치와 레에넨요리 세마이데스.

今年の 農地は 例年より 狭いです。

브라질은 삼바 카니발이 유명하지 않습니까?

브라질은 삼바 카니발이 유명이 아닙니까?

有名 유우메에는 '유명'이라는 뜻의 な나 형용사입니다.
일본어의 형용사는 な나 형용사와 い이 형용사로 나뉩니다.

너 중학교 때 도서부 아니었어?

너 중학교의 때 도서부가 아니었다?

君은 きみ키미라고 읽으면 '너'라는 뜻이고,
くん쿤이라고 읽으면 사람의 이름 뒤에 붙는 '~군'을 의미합니다.

「천지창조」는 미켈란젤로의 작품이다.

「천지창조」는 미켈란젤로의 작품이다.

우리말에서 '~이다'라는 표현을 쓰듯이, 일본어에서는 だ다라는 표현을 씁니다.
명사나 な나 형용사의 뒤에 だ다를 쓰면, '~다.'라는 표현이 되죠.

당신에게 이 수학 수협은 어렵겠죠.

당신에게 이 수학 수업은 어렵다겠죠.

あなた아나타는 2인칭 대명사 중 가장 공손한 표현입니다.
'당신'이라는 뜻인데, 아내가 남편을 부를 때 쓰기도 합니다.

올해의 농지는 예년보다 좁습니다.

올해의 농지는 예년보다 좁다입니다.

より요리는 '~보다'라는 뜻입니다.
두 대상을 비교할 때 쓰는데, 긍정이나 부정의 뉘앙스 같은 건 없습니다.

161

소노 스마호와 덴와요오데와 아리마센.

その スマホは 電話用では ありません。

162

쵸오죠오노 쿠우키와 코코요리 요캇타?

頂上の 空気は ここより よかった?

163

카레노 카노죠와 샤코오테키데 야사시이.

彼の 彼女は 社交的で 優しい。

164

코노 쥬교오노 센세와 치코쿠니 키비시쿠 나이.

この 授業の 先生は 遅刻に 厳しく ない。

165

오마에모 리론요리 짓켄스루 / 호오가 못토 스키?

お前も 理論より 実験する / 方が もっと 好き?

그 스마트폰은 전화용이 아닙니다.

그 스마트폰은 전화용이 아닙니다.

스마트폰을 일본어로 スマートフォン스마-토훤 혹은 スマートホン스마-토혼이라고 합니다.
짧게 줄여서 スマホ스마호라고도 하죠.

정상의 공기는 여기보다 좋았어?

정상의 공기는 여기보다 좋았다?

'좋다'를 의미하는 いい이이는 활용할 때 い이가 よ요로 변합니다.

그의 여자친구는 사교적이고 상냥하다.

그의 여자친구는 사교적이고 상냥하다.

彼女카노죠에는 '그녀' 외에 '여자친구'라는 뜻도 있는데,
이 문장에서는 '여자친구'라는 뜻으로 쓰였습니다. 남자친구는 彼氏카레시라고 합니다.

이 수업 교수님은 지각에 엄격하지 않아?

이 수업의 교수는 지각에 엄하지 않다.

い이 형용사를 부정형으로 만들 때는 마지막 글자 い이를 く쿠로 바꾸고,
ない나이나 ありません아리마센 같은 부정 표현을 붙입니다.

너도 이론보다 실험하는 편이 더 좋아?

너도 이론보다 실험하다 / 편이 더 좋음?

方호오는 방향이라는 뜻도 있지만, 어떤 쪽이나 편을 말하기도 합니다.

단수 인칭대명사 : 나, 너...

어떤 사람을 부를 때 이름 대신 사용하는 대명사를 인칭대명사라고 하죠.
그중 한 명의 사람만을 지칭하는 것을 **단수 인칭대명사** 라고 합니다.

私 와타시 あなた 아나타 彼 카레 彼女 카노죠

나 1인칭 단수

우리말의 1인칭 단수는 '나' 그리고 '저' 입니다. 아래 3개 대명사는 일본어의 대표적 1인칭 단수 표현입니다. 한 번 살펴볼까요?

私 와타시

- 남녀노소 모두 사용
- 공적 관계, 사적 관계 모두에서 사용
- 가장 무난한 표현

僕 보쿠

- 남자나 소년이 사용
- 사적 관계에서 사용

俺 오레

- 남자가 사용
- 매우 사적인 관계에서 사용
- 거친 표현이므로 주의

이 외에도, **あたし** 아타시, **わたくし** 와타쿠시, **われ** 와레, **わし** 와시 등의 1인칭 표현이 있습니다만, 흔히 사용하는 것은 위 3개 표현입니다.

너 2인칭 단수

일본어에는 3개의 2인칭 대명사가 있습니다. 하지만 일본에서는 상대방을 지칭할 때 대명사를 사용하면 예의가 없다고 생각하기 때문에, 되도록 이름을 물어보고, **성이나 이름 뒤에 'さん 산'**을 붙여 부르는 것이 좋습니다.

	공적 관계	사적 관계
윗사람을 부를 때	성 + 산 さん	성 + 산 さん 이름 + 산 さん
친한 사람 아랫사람을 부를 때	성 + 산 さん 이름 + 산 さん	あなた 아나타 君 키미 お前 오마에

재미있게도 일본어의 2인칭 대명사는 **'누가 부르느냐'**에 따라 달라집니다. 따라서 누구를 부르는지는 중요하지 않습니다. 다시 말해 **'나의 성별'**이 상대방의 호칭을 결정하죠. 한 번 살펴볼까요?

あなた 아나타

- 남녀 구분 없이 사용
- 간혹 남성도 사용
- 가장 공손한 표현

君 키미

- 남녀 구분 없이 사용
- 성이나 이름의 뒤에 붙여서 **~君 ~쿤**이라는 호칭으로도 쓰임

お前 오마에

- 남성이 상대를 부를 때 주로 사용
- 아랫사람에게 사용

그, 그녀 3인칭 단수

3인칭 대명사는 성별에 따라서 그와 그녀, 2종류를 사용합니다.

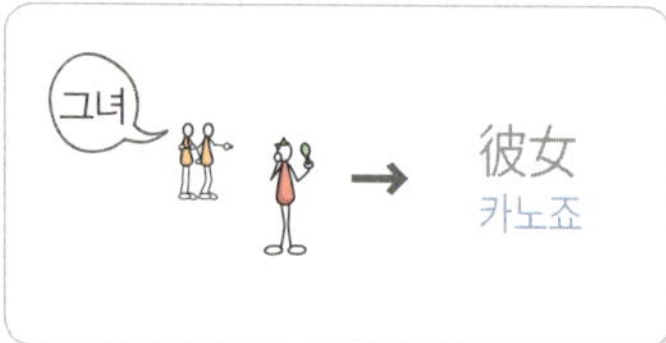

彼女 카노죠 는 그녀 외에도, 여자친구라는 뜻도 있습니다. 그러니까, 해석할 때 문맥을 잘 살펴 '그녀'인지 '여자친구'인지를 구별해야 합니다.

복수 인칭대명사 : 우리, 너희들...

우리말에서는 우리, 저희, 너희 같은 복수형 인칭대명사들이 따로 존재합니다. 그러나 일본어에서는 단수형 표현 뒤에 たち 타치 또는 ら 라 를 덧붙이지요.

私 와타시 나	→	私ら 와타시라 私たち 와타시타치 우리

그런데 たち 타치 와 ら 라 는 어떻게 다를까요? 그 차이가 미묘하기 때문에 정확히 규정하기란 어렵습니다. 하지만 대원칙을 말하자면 たち 타치 를 붙이면 높임말이 되고, ら 라 를 붙이면 낮춤말이 됩니다.

\+ たち 타치
높임말

\+ ら 라
낮춤말

우리 1인칭 복수

'나'를 나타내는 표현이 3개이기 때문에, '우리'를 나타내는 표현은 6개가 됩니다.

1 私ら 와타시라
2 私たち 와타시타치
3 僕ら 보쿠라
4 僕たち 보쿠타치
5 俺ら 오레라
6 俺たち 오레타치

이해하기 쉽게 겸손한 표현 순으로 숫자를 붙였습니다. 이들 중 가장 겸손한 표현은 私ら 와타시라 입니다. 낮춤말 ら 라 를 자신에게 사용했기 때문이죠. 그리고 가장 거친 표현은 俺たち 오레타치 입니다. 높임말 たち 타치 를 자신에게 사용했기 때문이죠.

너희들 2인칭 복수

'너'를 나타내는 표현이 3개이기 때문에, '너희들'을 나타내는 표현은 6개가 만들어져야 하지만, 다음 5개의 표현만 존재합니다.

1 あなたたち 아나타타치

2 君たち 키미타치

3 君ら 키미라

4 お前たち 오마에타치

5 お前ら 오마에라

5개의 표현에 겸손한 표현 순으로 숫자를 붙였습니다. 이들 중 가장 겸손한 표현은 **あなたたち** 아나타타치 입니다. 높임말 **たち** 타치 를 상대방에게 사용했기 때문입니다. 이들 중 가장 거친 표현은 **お前ら** 오마에라 입니다. 낮춤말 **ら** 라 를 상대방에게 사용했기 때문입니다.

그들, 그녀들 3인칭 복수

'그들'은 **彼ら** 카레라 라고 하는데, 간혹 **彼たち** 카레타치 라고도 합니다. '그녀들'은 **彼女たち** 카노죠타치 라고 하는데, 간혹 **彼女ら** 카노죠라 라고도 하죠. 이때는 **ら** 라 와 **たち** 타치 의 사용에 따라 겸손하거나 거친 표현으로 갈리지는 않습니다.

→ 彼ら 카레라 / 彼たち 카레타치

→ 彼女ら 카노죠라 / 彼女たち 카노죠타치

남자가 사용하는 말

나	우리
私 와타시 / 僕 보쿠 / 俺 오레	私ら 와타시라 / 僕ら 보쿠라 / 俺ら 오레라 私たち 와타시타치 / 僕たち 보쿠타치 / 俺たち 오레타치

너	너희
あなた 아나타 / 君 키미 / お前 오마에	君ら 키미라 / お前ら 오마에라 あなたたち 아나타타치 / 君たち 키미타치 / お前たち 오마에타치

여자가 사용하는 말

나	우리
私 와타시	私ら 와타시라 / 私たち 와타시타치

너	너희
あなた 아나타 / 君 키미	あなたたち 아나타타치 / 君ら 키미라 / 君たち 키미타치

남, 여 함께 사용하는 말

그	그들
彼 카레	彼ら 카레라 / 彼たち 카레타치

그녀	그녀들
彼女 카노죠	彼女ら 카노죠라 / 彼女たち 카노죠타치

166

비타민 도린쿠와 이가이토 오이시이.

ビタミン ドリンクは 意外と おいしい。

167

기리시아 신와노 헤-라- 메가미와 싯토노 케신데 유우메에다.

ギリシア 神話の ヘ-ラ- 女神は 嫉妬の 化身で 有名だ。

168

세에카츠노 츄우신와 스포-츠데시타.

生活の 中心は スポ-ツでした。

169

보쿠와 피아노니 사이노오가 아리마센데시타.

僕は ピアノに 才能が ありませんでした。

170

카레와 사라리-만다가 유메와 삿카데스.

彼は サラリーマンだが 夢は 作家です。

비타민 음료는 의외로 맛있다.

비타민 음료수는 의외와 맛있다.

'의외意外'는 '전혀 생각이나 예상을 하지 못함'을 뜻하는 말인데요,
일본어로도 意外이가이라고 합니다.

그리스 신화의 헤라 여신은 질투의 화신으로 유명하다.

그리스 신화의 헤라 여신은 질투의 화신으로 유명이다.

한자 女는 일본어로 보통 じょ죠라고 읽습니다.
여성(女性 죠세에)처럼 말이죠. 하지만 여신女神이라고 쓸 때는 め메라고 읽습니다.

생활의 중심은 스포츠였습니다.

생활의 중심은 스포츠였습니다.

でした데시타는 です데스의 과거 표현으로, '~였습니다.'라는 뜻입니다.
반말 표현은 だった닷타입니다.

나는 피아노에 재능이 없었습니다.

나는 피아노에 재능이 없습니다이었습니다.

僕보쿠는 주로 남성이나 어린 남자아이가 쓰는 '나'입니다.

그는 샐러리맨이지만 꿈은 작가입니다.

그는 샐러리맨이지만 꿈은 작가입니다.

우리말 '꿈을 꾸다'를 일본어로 하면, 夢を見る유메 오 미루라고 합니다.
직역하면 '꿈을 보다'라는 뜻이죠.

171

횟숀니와 아마리 쿄오미가 아리마센.

ファッションには あまり 興味が ありません。

172

카레와 갸구노 칸부다.

彼は ギャングの 幹部だ。

173

코노 몬다이와 쵸오칸탄다.

この 問題は 超簡単だ。

174

스이에에와 카로리-노 쇼오히가 오오이 / 운도오데스.

水泳は カロリ-の 消費が 多い / 運動です。

175

카레와 코노 레스토란노 콧쿠쟈 아리마센.

彼は この レストランの コックじゃ ありません。

패션에는 그다지 흥미가 없습니다.

패션에는 그다지 흥미가 없습니다.

あまり 아마리는 '그다지'나 '별로'라는 뜻입니다.
같은 의미로 別に 베츠니라는 표현도 있습니다.

그는 갱의 간부다.

그는 갱의 간부다.

彼 카레는 영어의 He에 해당하는 '그'입니다.
'그들'은 彼ら 카레라라고 합니다.

이 문제는 아주 간단하다.

이 문제는 초간단이다.

超 쵸오는 보통 명사에 붙어서 의미를 강조하는 데 씁니다.
최근에는 젊은 층을 중심으로 형용사나 동사와 함께 '초~하다'라는 표현이 쓰입니다.

수영은 열량의 소비가 많은 운동입니다.

수영은 열량의 소비가 많다 / 운동입니다.

수영을 泳ぎ 오요기라고도 합니다.
테니스(テニス 테니스)나 마라톤(マラトン 마라손) 등으로 바꿔 쓸 수도 있죠.

그는 이 레스토랑의 요리사가 아닙니다.

그는 이 레스토랑의 요리사가 아닙니다.

コック 콧쿠는 '요리사'라는 뜻으로, 네덜란드어 kok에서 유래한 표현입니다.

176

아나타와 비-루가 스키데스카?

あなたは ビ-ルが 好きですか?

177

카레와 홋토돗구 센몬텐노 마네-쟈-쟈 나이?

彼は ホットドッグ 専門店の マネ-ジャ-じゃ ない?

178

보쿠신구토 킷쿠보쿠신구노 치가이와 난데스카?

ボクシングと キックボクシングの 違いは 何ですか?

179

아시타가 와-루도캇푸노 켓쇼오센쟈 나이?

明日が ワ-ルドカップの 決勝戦じゃ ない?

180

소노 카훼노 후루-츠 케-키가 손나니 유우메에닷타?

その カフェの フル-ツケ-キが そんなに 有名だった?

당신은 맥주를 좋아합니까?

당신은 맥주가 좋음입니까?

장음 기호는 단어의 의미에도 큰 영향을 미칩니다.
예를 들어, ビール 비-루라고 하면 '맥주'라는 뜻인데, ビル 비루는 '빌딩'이라는 뜻입니다.

그는 핫도그 전문점 매니저 아냐?

그는 핫도그 전문점의 매니저가 아니다?

일본어로 질문하는 법은 아주 간단합니다.
반말 표현은 の노를 붙이거나 문장의 끝을 살짝 올리면 되고, 존대 표현은 か카를 붙이면 완성이죠.

복싱과 킥복싱의 차이는 무엇입니까?

복싱과 킥복싱의 차이는 무엇입니까?

일본 사람들은 자신의 의견을 내세우기보다 돌려 말하는 경향이 있습니다.
그래서 '아니다'보다는 '다르다'를 많이 씁니다.

내일 월드컵 결승전 아냐?

내일이 월드컵의 결승전이 아니다?

우리나라에서 큰 시험을 앞두고 찹쌀떡이나 엿을 먹듯이, 일본에서는 돈가스를 먹습니다.
'이기다'를 의미하는 勝つ카츠와 돈가스(豚カツ 톤카츠)의 발음이 비슷하기 때문입니다.

그 카페 과일 케이크가 그렇게 유명했어?

그 카페의 과일 케이크가 그렇게 유명이었다?

だった닷타는 だ다의 과거 표현입니다. '~였다'라는 뜻이죠.
존대 표현은 でした데시타라고 합니다.

181

부랏쿠 스-츠와 카레노 토레-도마-쿠쟈 나이?

ブラックス-ツは 彼の トレ-ドマ-クじゃ ない?

182

코노 고루후 렌슈우죠오와 난 헤쿠타-루데스카?

この ゴルフ 練習場は 何 ヘクタ-ルですか?

183

와타시와 쿠라싯쿠 온가쿠가 스키쟈 아리마센.

私は クラシック 音楽が 好きじゃ ありません。

184

오레노 센코오와 케에자이데와 나이.

俺の 専攻は 経済では ない。

185

소노 가이도노 유-모아와 젠젠 오모시로쿠 나이.

その ガイドの ユ-モアは 全然 おもしろく ない。

검은색 정장은 그의 트레이드마크 아냐?

검은색 정장은 그의 트레이드마크가 아니다?

그의 특징에 관해 물어보는 내용입니다.
모자(帽子 보오시)나 가방(カバン 카반) 등으로 바꿔 쓸 수 있죠.

이 골프 연습장은 몇 헥타르입니까?

이 골프 연습장은 몇 헥타르입니까?

어떤 장소의 넓이를 물어보는 문장입니다.
공원(公園 공원), 테니스 코트(テニス コート 테니스 코-토) 등으로 바꿔 쓸 수 있습니다.

저는 클래식 음악을 좋아하지 않습니다.

나는 클래식 음악이 좋음이 아닙니다.

'좋아하다'를 의미하는 好きだ스키다는 が가와 한 쌍입니다.
따라서 が가+好きだ스키다를 공식처럼 외우는 것이 좋습니다.

내 전공은 경제가 아니다.

나의 전공은 경제가 아니다.

일본어는 1인칭 대명사가 다양합니다. 그래서 말하는 사람의 성별과 상황에 따라 다르게 사용하죠.
俺오레는 남성이 사용하는 '나'입니다.

그 가이드의 유머는 전혀 재미있지 않다.

그 가이드의 유머는 전혀 재미있지 않다.

무언가를 완전히 부정할 때 사용하는 '전혀'는 일본어로 全然젠젠이라고 합니다.

186

스이도오노 이가이니 몬다이와 아리마센.

水道の 以外に 問題は ありません。

187

소레와 오레노 요-롯파 츠아-노 토키노 샤신데스.

それは 俺の ヨ-ロッパ ツア-の 時の 写真です。

188

사츠가이 도오키와 싯토다.

殺害 動機は 嫉妬だ。

189

카노죠와 세에지니 셋쿄쿠테키데스.

彼女は 政治に 積極的です。

190

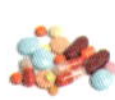

스토레스가 만뵤오노 모토데쇼오.

ストレスが 万病の 元でしょう。

수도 이외에 문제는 없습니다.

수도의 이외에 문제는 없습니다.

일본어의 부정 표현 ない나이와 ありません아리마센은
'없다'와 '아니다'라는 뜻을 모두 가지고 있습니다.

그것은 내 유럽 여행 때의 사진입니다.

그것은 나의 유럽 여행의 때의 사진입니다.

유럽을 일본어로 ヨーロッパ요-롯파라고 합니다.
아시아는 アジア아지아, 아프리카는 アフリカ아후리카라고 하죠.

살해 동기는 질투다.

살해 동기는 질투다.

동의를 의미하는 動機도오키를 이유를 뜻하는 理由리유우로 바꿔 쓸 수도 있습니다.

그녀는 정치에 적극적입니다.

그녀는 정치에 적극적입니다.

~적이라는 단어(적극적, 소극적, 능동적, 수동적 등)들은 모두 な나 형용사를 사용합니다.

스트레스가 만병의 근원이겠죠.

스트레스가 만병의 기원이겠죠.

元모토는 근원이나 사물의 시작이라는 뜻인데, '이전'이나 '원래'라는 뜻도 있습니다.

191

아나타노 스타지오 쇼조쿠노 카메라만자 아리마센카?

あなたの スタジオ 所属の カメラマンじゃ ありませんか?

192

코-히-요리 미네라루워-타-가 요쿠 아리마센카?

コ-ヒ-より ミネラルウォ-タ-が よくありませんか?

193

카레와 쿄오시데와 아리마센데시타.

彼は 教師では ありませんでした。

194

헤아스푸레-와 켄코오니 와루쿠 나이?

ヘアスプレ-は 健康に 悪くない?

195

우치노 치-무와-쿠와 호카노 치-무요리 이이데스.

うちの チ-ムワ-クは 他の チ-ムより いいです。

당신 스튜디오 소속의 카메라맨 아닙니까?

당신의 스튜디오 소속의 카메라맨이 아닙니까?

あなた아나타는 일본어의 2인칭 대명사 중 가장 공손한 표현입니다.

커피보다 생수가 좋지 않습니까?

커피보다 생수가 좋지 않습니까?

'좋다'라는 의미의 いい이이는 활용할 때 い이가 よ요로 변합니다.

그는 교사가 아니었습니다.

그는 교사가 아닙니다이었습니다.

여기서의 교사는 의사(医者 이샤), 경찰(警察 케에사츠) 등으로 바꿔 쓸 수 있습니다.

헤어스프레이는 건강에 나쁘지 않아?

헤어스프레이는 건강에 나쁘지 않다?

い이 형용사를 부정형으로 쓸 때, 마지막 글자 い이는 く쿠로 변합니다.
그리고 뒤에 ない나이나 ありません아리마센이 오죠.

우리의 팀워크는 다른 팀보다 좋습니다.

우리의 팀워크는 외의 팀보다 좋다입니다.

より요리는 '~보다'라는 뜻입니다.
긍정이나 부정의 뉘앙스는 없고, 그저 비교의 뜻만 가지고 있습니다.

196

소노 사라리-만와 에에고가 죠오즈데스.

その サラリ-マンは 英語が 上手です。

197

아나타모 치-즈훤듀가 스키데스카?

あなたも チ-ズフォンデュが 好きですか?

198

코토시노 타이후우와 레에넨요리 요와캇타데스.

今年の 台風は 例年より 弱かったです。

199

키노오노 디나-와 치킨 카레-닷타?

昨日の ディナ-は チキン カレ-だった?

200

유니훠-무노 챠쿠요오와 기무데와 아리마센데시타카?

ユニフォ-ムの 着用は 義務では ありませんでしたか?

그 샐러리맨은 영어를 능숙하게 합니다.

그 샐러리맨은 영어가 능숙입니다.

무언가가 능숙한 사람에게 '잘한다'고 평가할 때는 上手죠오즈라고 합니다.
하지만 특기나 장기처럼 자신을 남에게 자랑할 때는 得意토쿠이라고 하죠.

당신도 치즈 퐁듀를 좋아합니까?

당신도 치즈 퐁듀가 좋음입니까?

'좋아하다'를 의미하는 好きだ스키다는 が가와 한 쌍입니다.
따라서 'が가 + 好きだ스키다'를 공식처럼 외우는 게 좋습니다.

올해 태풍은 예년보다 약했습니다.

올해의 태풍은 예년보다 약했다입니다.

과거형의 존대 표현을 만들 때, 명사와 な나 형용사는 でした데시타를 쓰고,
い이 형용사는 かったです캇타데스라는 표현을 씁니다.

어제 저녁은 치킨 카레였어?

어제의 저녁은 치킨 카레였다?

일본어로 '어제'를 昨日키노오, '오늘'을 今日쿄오라고 합니다.
'내일'을 뜻하는 明日는 '아시타' 혹은 '아스'라고 읽죠.

유니폼 착용은 의무 아니었습니까?

유니폼의 착용은 의무가 아닙니다이었습니까?

일본어에서는 명사 뒤에 명사가 바로 올 수 없습니다.
그래서 명사와 명사 사이에 の노를 넣어주는데, 이때의 の노는 아무 의미도 없습니다.

일본어와 우리말은 지나치게 비슷하다

-첫날부터 잘한다-

1 강하다.

2 강했다.

3 강합니다.

4 강했습니다.

5 강하지 않다.

6 강하지 않았다.

7 강하지 않습니다.

8 강하지 않았습니다.

+의문문

앞으로 소개할 8문형 미리 보기

1 **츠요 이.**
強い。강하다.

2 **츠요 캇타.**
強かった。강했다.

3 **츠요 이 데스.**
強いです。강합니다.

4 **츠요 캇타 데스.**
強かったです。강했습니다.

5 **츠요 쿠 나이.**
強くない。강하지 않다.

6 **츠요 쿠 나캇타.**
強くなかった。강하지 않았다.

7 **츠요 쿠 아리마센.**
強くありません。강하지 않습니다.

8 **츠요 쿠 아리마센 데시타.**
強くありませんでした。강하지 않았습니다.

Tip

데스 です 의 과거형은 대부분 **데시타** でした 지만,
이 い 형용사에서는 독특하게 **캇타데스** かったです를 사용합니다.

현재 긍정 반말 덥다

暑 아츠	い 이

→

과거 부정 반말 덥지 않았다

暑 아츠	かった 캇타	です 데스	
暑 아츠	い 이	でした 데시타	X

형용사로 태어났다! い 형용사

일본어의 형용사는 다음 2가지로 나눌 수 있습니다.

형용사 ··· い 이 형용사
형용사 ··· な 나 형용사

그중 이번에 살펴볼 것은 い 이 형용사입니다.

い 이 형용사의 특징은 단어가 い 이로 끝난다는 것입니다. 그 점 때문에 い 이 형용사라는 이름이 붙었죠.

暖かい	아타타카이	따뜻하다
暑い	아츠이	덥다
涼しい	스즈시이	시원하다
寒い	사무이	춥다

위의 예시처럼, い 이 형용사는 우리말로 봐도 형용사로 보입니다. 반면 일본어 형용사의 다른 한 갈래인 な 나 형용사는 우리말로는 명사처럼 보입니다. 따라서 い 이 형용사가 형용사처럼 보인다는 것은, 일본어의 2가지 형용사를 구별할 수 있는 중요한 특징입니다.

형용사 ··· い 이 형용사 형용사처럼 보이는 형용사
형용사 ··· な 나 형용사 명사처럼 보이는 형용사

자! 이쯤에서 형용사가 무슨 일을 하는지 기억해볼까요?
형용사는 다음의 2가지 역할을 합니다.

따뜻한 봄 — 명사를 꾸미는 역할

봄은 따뜻하다. — 주어를 설명하는 역할

그리고 이때 어근 '따뜻'은 '따뜻한'과 '따뜻하다'로 형태가 달라지죠. 하지만 일본어의 い이 형용사는 **형태의 변화 없이** 그대로 사용되어 참 편리합니다.

春は暖かい。	하루와 아타타카이.	봄은 따뜻하다.
暖かい季節	아타타카이 키세츠	따뜻한 계절
夏は暑い。	나츠와 아츠이.	여름은 덥다.
暑い季節	아츠이 키세츠	더운 계절
秋は涼しい。	아키와 스즈시이.	가을은 시원하다.
涼しい季節	스즈시이 키세츠	시원한 계절
冬は寒い。	후유와 사무이.	겨울은 춥다.
寒い季節	사무이 키세츠	추운 계절

201

사이킨노 신치쿠 만숀와 쵸오코오소오가 오오이데스.

最近の 新築 マンションは 超高層が 多いです。

202

피쿠닛쿠노 토키 타베타 / 벤토오와 오이시캇타.

ピクニックの 時 食べた / 弁当は おいしかった。

203

오쿠죠오와 케시키가 이이.

屋上は 景色が いい。

204

스마호오 미나가라 운텐스루 / 코토와 아부나이데스.

スマホを 見ながら 運転する / ことは 危ないです。

205

코노 시스테무와 핫킨구니 요와쿠 아리마센카?

この システムは ハッキングに 弱く ありませんか?

최근 신축 맨션은 초고층이 많습니다.

최근의 신축 맨션은 초고층이 많음입니다.

アパート아파-토는 빌라나 다세대 주택을 말합니다.
우리가 일반적으로 생각하는 '아파트'는 マンション만숀이라고 합니다.

소풍 갔을 때 먹었던 도시락은 맛있었다.

소풍의 때 먹었다 / 도시락은 맛있었다.

과거 표현을 만들 때, 명사와 な나 형용사는 だった닷타를 쓰고,
い이 형용사는 마지막 글자 い이를 かった캇타로 바꿉니다.

옥상은 경치가 좋다.

옥상은 경치가 좋다.

우리말로는 경치景致나 풍경風景이 좋다는 표현을 쓰지만,
일본어로는 景色케시키라는 표현을 씁니다.

스마트폰을 보면서 운전하는 것은 위험합니다.

스마트폰을 봄하면서 운전하다 / 일은 위험하다입니다.

ない나이가 보이면 다 부정 표현이라고 생각하기 쉽죠.
'위험하다'라는 뜻의 危ない아부나이는 그 자체가 기본형으로, 부정형은 危なくない아부나쿠나이입니다.

이 시스템은 해킹에 약하지 않습니까?

이 시스템은 해킹에 약하지 않습니까?

い이 형용사는 마지막 글자 い이는 く쿠로 바꾸고,
ない나이나 ありません아리마센을 덧붙여서 부정 표현을 만듭니다.

206

아나타와 야쿠소쿠노 지칸니 치코쿠시타 / 코토가 오오이데스카?

あなたは 約束の 時間に 遅刻した / ことが 多いですか?

207

이에데 스고시타 / 슈우마츠와 타노시캇타.

家で 過ごした / 週末は 楽しかった。

208

사이킨 오나지 콘세푸토노 아이도루가 오오쿠 나이?

最近 同じ コンセプトの アイドルが 多くない?

209

야칸니 로-라-스케-토오 시타라 아부나쿠 아리마센카?

夜間に ロ-ラ-スケ-トを したら 危なく ありませんか?

210

카구오 산먀쿠마데 운판스루 / 코토와 무즈카시캇타데스.

家具を 山脈まで 運搬する / ことは 難しかったです。

당신은 약속 시각에 지각한 적이 많습니까?

당신은 약속의 시간에 지각했다 / 일이 많다입니까?

명사나 な나 형용사는 だ다를 です데스로 바꾸지만,
い이 형용사에는 마지막 글자 い이의 뒤에 です데스를 덧붙입니다.

집에서 보낸 주말은 즐거웠다.

집에서 보냈다 / 주말은 즐거웠다.

家는 いえ이에 혹은 うち우치라고 합니다. いえ이에는 건물로서의 집(house)이라는 의미고,
うち우치는 '우리'라는 뉘앙스가 강한 '집(home)'입니다.

최근 같은 콘셉트의 아이돌이 많지 않아?

최근 같음 콘셉트의 아이돌이 많지 않다?

な나 형용사가 명사를 꾸며줄 때는 '~な + 명사'가 되는데,
同じ오나지는 '同じ + 명사'의 형태로 사용합니다.

야간에 롤러스케이트를 타면 위험하지 않습니까?

야간에 롤러스케이트를 타면 위험하지 않습니까?

일본어로 질문하는 법은 아주 간단합니다. 문장의 마지막에 か?카?를 붙이면 되죠.
반말은 の?노?를 붙이거나 말끝을 조금 올려주면 됩니다.

가구를 산맥까지 운반하는 일은 어려웠습니다.

가구를 산맥까지 운반하다 / 일은 어려웠다입니다.

과거형의 존대 표현을 만들 때, 명사와 な나 형용사는 でした데시타를,
い이 형용사는 かったです캇타데스를 씁니다.

211

인큐베-타-노 온도와 도오데스카?

インキュベ-タ-の 温度は どうですか?

212

타쿠하이 사-비스와 무료오데와 나이.

宅配 サ-ビスは 無料では ない。

213

아노 토-쿠쇼-와 다이싯파이닷타.

あの ト-クショ-は 大失敗だった。

214

손나 요오큐우모 무리와 나이.

そんな 要求も 無理は ない。

215

데-토노 바쇼와 게-무 센타-닷타.

デ-トの 場所は ゲ-ム センタ-だった。

인큐베이터 온도는 어떻습니까?

인큐베이터의 온도는 어떻다입니까?

どう ですか? 도오 데스카?는 '어떻습니까?'라는 표현입니다.
음식이 입에 맞는지, 옷 사이즈가 잘 맞는지, 다양한 상황에서 잘 쓰는 표현이죠.

택배 서비스는 무료가 아니다.

택배 서비스는 무료가 아니다.

무료(無料 무료오)와 같은 표현으로 공짜(ただ 타다)가 있습니다.
'유료'는 有料 유우료오라고 합니다.

그 토크쇼는 대실패였다.

그 토크쇼는 대실패였다.

あの 아노는 원래 '저'라는 뜻인데, 이 문장에서는 '그'로 해석됐습니다.
회상의 의미로 쓰였기 때문이죠.

그런 요구도 무리는 아니다.

그런 요구도 무리는 아니다.

そんな 손나는 '그런'이라는 뜻입니다.
비슷한 표현으로, 이런(こんな 콘나), 저런(あんな 안나), 어떤(どんな 돈나) 등이 있습니다.

데이트 장소는 게임 센터였다.

데이트의 장소는 게임 센터였다.

오락실이나 게임센터를 일본어로 ゲームセンター 게-무센타-라고 하는데,
짧게 ゲーセン 게-센이라고 부르기도 합니다.

216

토시노 만나카데 핫세에시타 / 지신닷타.

都市の 真ん中で 発生した / 地震だった。

217

신칸센노 자세키와 지유우데스.

新幹線の 座席は 自由です。

218

아노 이샤와 나이카가 센몬다.

あの 医者は 内科が 専門だ。

219

코노 구루-푸호-무노 케아 마네쟈-와 다레데시타카?

この グル-プホ-ムの ケア マネジャ-は 誰でしたか?

220

코노 코무기코와 히토츠니 고폰도데스.

この 小麦粉は 一つに 5ポンドです。

도시 한가운데에서 발생한 지진이었다.

도시의 한가운데에서 발생했다 / 지진이었다.

'한가운데', '새까맣다' 처럼 어떠한 상태를 강조할 때, 단어 앞에 **真**를 붙입니다.
한가운데(真ん中 만나카), 새까맣다(真っ黒い 맛쿠로이)처럼 말이죠.

신칸센의 좌석은 자유입니다.

신칸센의 좌석은 자유입니다.

新幹線 신칸센은 우리나라의 KTX에 해당하는 일본의 고속철도입니다.
1964년에 개통했습니다.

저 의사는 내과 전문이다.

저 의사는 내과의 전문이다.

우리나라에서는 '의사医者'에 스승 사(**師**)를 쓰지만,
일본에서는 사람 자(**者**)를 씁니다.

이 그룹홈의 관리 매니저는 누구였습니까?

이 그룹홈의 케어 매니저는 누구였습니까?

誰 다레는 '누구'라는 뜻입니다.
'어느 분'이라고 정중하게 표현할 때는 **どなた** 도나타라고 합니다.

이 밀가루는 하나에 5파운드입니다.

이 밀가루는 하나에 5파운드입니다.

この 코노는 '이'라는 의미의 지시대명사입니다.
この 코노가 명사 앞에 오면, 어떤 여러 가지 중에서 '이것'을 콕 찍어서 말하는 것입니다.

221

아나타모 아이스홋케-가 스키데스카?

あなたも アイスホッケ-が 好きですか?

222

타쿠시-와 료오킨가 타카이데스.

タクシ-は 料金が 高いです。

223

부카토 테니스오 스루 / 코토가 슈미데스.

部下と テニスを する / ことが 趣味です。

224

콘도노 슈쿠다이와 리레키쇼오 카쿠 / 코토데스.

今度の 宿題は 履歴書を 書く / ことです。

225

쵸오온소쿠데 토부 / 히코오키.

超音速で 飛ぶ / 飛行機。

당신도 아이스하키를 좋아합니까?

당신도 아이스하키가 좋음입니까?

좋아하다를 의미하는 好きだ스키다는 が가와 한 쌍을 이룹니다.
따라서 'が가 + 好きだ스키다'를 공식처럼 외우는 게 좋습니다.

택시는 요금이 비쌉니다.

택시는 요금이 높다입니다.

우리는 '높다'와 '비싸다'를 구분하지만, 일본어에서는 모두 高い타카이라고 합니다.
'싸다'는 安い야스이라고 합니다.

부하와 테니스를 치는 게 취미입니다.

부하와 테니스를 하다 / 일이 취미입니다.

조사 と토는 '~와'라는 뜻인데, 'a와 b와' 같은 나열은 물론이고,
'a와 무엇을 하다'라는 표현도 쓸 수 있습니다.

이번 숙제는 이력서를 쓰는 것입니다.

이번의 숙제는 이력서를 쓰다 / 일입니다.

です데스는 '~입니다'라는 뜻으로,
명사와 형용사의 존대 표현을 만들 때 쓰는 표현입니다.

초음속으로 나는 비행기.

초음속으로 날다 / 비행기.

で데는 '~에서' 혹은 '~으로'라는 의미로 사용하는 조사입니다.
이 문장에서는 '~으로'라는 의미로 쓰였습니다.

226

톤네루노 나카와 쿠라이데스.

トンネルの 中は 暗いです。

227

구로-바루 스탄다-도오 리카이스루 / 타메니 히츠요오데스.

グロ-バル スタンダ-ドを 理解する / ために 必要です。

228

랏슈아와-다카라, 도오로와 신코쿠나 쥬우타이다.

ラッシュアワ-だから、道路は 深刻な 渋滞だ。

229

코레와 오키나와데 캇타 / 오카리나다.

これは 沖縄で 買った / オカリナだ。

230

카노죠와 뉴-요-쿠데 류우가쿠시타 / 기타-리스토쟈 나캇타?

彼女は ニュ-ヨ-クで 留学した / ギタ-リストじゃ なかった?

터널 안은 어둡습니다.

터널의 안은 어둡다입니다.

존대 표현을 만들 때, 명사와 な나 형용사는 だ다를 です데스로 바꾸지만,
い이 형용사는 마지막 글자 い이의 뒤에 です데스를 덧붙입니다.

국제 표준을 이해하기 위해서 필요합니다.

국제 표준을 이해하다 / 위해서 필요입니다.

일본어로 '필요'는 必要히츠요오라고 합니다.
한자 그대로 '필요'라는 뜻인데, 같은 말로는 '필요하다'라는 의미의 동사 要る이루가 있습니다.

러시아워니까, 도로는 심각한 정체다.

러시아워니까, 도로는 심각한 정체다.

な나 형용사는 명사를 꾸며줄 때, '~な + 명사'의 형태가 됩니다.
그래서 な나 형용사라고 하죠.

이것은 오키나와에서 산 오카리나다.

이것은 오키나와에서 샀다 / 오카리나다.

沖縄오키나와는 '일본의 하와이'로도 불리는 일본의 대표적 휴양지입니다.
주일미군기지가 있는 곳이기도 하죠.

그녀는 뉴욕에서 유학한 기타리스트 아니었어?

그녀는 뉴욕에서 유학했다 / 기타리스트가 아니었다?

뉴욕(New York)을 일본어로 ニューヨーク뉴-요-쿠라고 합니다.
베이징은 ペキン베킨, 서울은 ソウル소우루라고 하죠.

231

벤치데 타베타 / 아이스쿠리-무와 돈나 아지데시타카?

ベンチで 食べた / アイスクリ-ムは どんな 味でしたか?

232

스모오나라, 니혼노 코쿠기데와 아리마센카?

相撲なら、日本の 国技では ありませんか?

233

쿄오노 메뉴-와 치킨데스카?

今日の メニュ-は チキンですか?

234

오오사카데 토맛타 / 호테루와 도코데시타카?

大阪で 泊まった / ホテルは どこでしたか?

235

센푸우키오 하츠메에시타 / 히토와 다레데스카?

扇風機を 発明した / 人は 誰ですか?

벤치에서 먹은 아이스크림은 무슨 맛이었습니까?

벤치에서 먹었다 / 아이스크림은 어떤 맛이었습니까?

카타카나 중간에 들어있는 'ー'는 '장음 기호'입니다.
바로 앞의 글자를 한 음 길게 발음하면 됩니다.

스모라면, 일본의 국기 아닙니까?

스모라면, 일본의 국기가 아닙니까?

씨름은 샅바를 잡고 시작하고, 스모는 상대와 떨어져서 마주 보고 선 상태에서 시작합니다.
또 씨름은 5판 3승제고 스모는 단판 승부입니다.

오늘의 메뉴는 치킨입니까?

오늘의 메뉴는 치킨입니까?

매일매일 바뀌거나 요일별로 지정된 메뉴를 '오늘의 메뉴'리고 하죠.
거리 카페에서도 종종 오늘의 커피(今日 の コーヒー 쿄오 노 코-히-)라는 메뉴를 볼 수 있습니다.

오사카에서 묵었던 호텔은 어디였습니까?

오사카에서 묵었다 / 호텔은 어디였습니까?

일본의 숙박업소는 크게 **ホテル** 호테루와 **旅館** 료칸으로 나뉩니다.
ホテル 호테루는 일반적인 '호텔'을 말하고, **旅館** 료칸을 일본 전통 여관을 말합니다.

선풍기를 발명한 사람은 누구입니까?

선풍기를 발명했다 / 사람은 누구입니까?

誰 다레는 '누구'라는 뜻입니다.
'어느 분'이라고 정중하게 표현할 때는 **どなた** 도나타라고 합니다.

236

보쿠니 히츠요오나 노와 노-토토카 보-루펜자 아리마센.

僕に 必要な のは ノ-トとか ボ-ルペンじゃ ありません。

237

캬라메루와 코도모가 다이 스키나 오야츠다.

キャラメルは 子供が 大 好きな おやつだ。

238

운도오죠오데 히롯타 / 노-토와 민토이로닷타.

運動場で 拾った / ノ-トは ミント色だった。

239

코노 지켄노 히가이샤와 소-샤루 와-카-데스.

この 事件の 被害者は ソ-シャル ワ-カ-です。

240

오린핏쿠데 신키로쿠오 타테루 / 노가 아나타노 모쿠효오데스카?

オリンピックで 新記録を 立てる / のが あなたの 目標ですか?

나에게 필요한 것은 노트나 볼펜이 아닙니다.

나에게 필요한 것은 공책이라든가 볼펜이 아닙니다.

とか 토카는 '~나', '~라든가' 같이 무언가를 나열할 때 쓰는 표현입니다.
명사는 물론이고 형용사나 동사에도 쓸 수 있죠.

캐러멜은 어린이가 매우 좋아하는 간식이다.

캐러멜은 어린이가 매우 좋아하는 간식이다.

캐러멜은 キャラメル 캬라메루라고 합니다.
과자는 菓子 카시, 사탕은 キャンデー 캰데-, 껌은 ガム 가무라고 하죠.

운동장에서 주운 노트는 민트색이었다.

운동장에서 주웠다 / 공책은 민트색이었다.

色 이로는 '색'이라는 뜻입니다.
빨간색(赤色 아카이로), 파란색(青色 아오이로), 노란색(黄色 키이로)이라는 표현을 만들 수 있죠.

이 사건의 피해자는 사회 복지사입니다.

이 사건의 피해자는 소셜 워커입니다.

피해자는 被害者 히가이샤라고 합니다.
가해자는 加害者 카가이샤, 범인은 犯人 한닌, 목격자는 目撃者 모쿠게키샤라고 하죠.

올림픽에서 신기록을 세우는 것이 당신의 목표입니까?

올림픽에서 신기록을 세우다 / 것이 당신의 목표입니까?

올림픽은 일본어로 オリンピック 오린핏쿠인데, 五輪 고린이라고도 합니다.
五輪 고린은 올림픽기인 오륜기 五輪旗에서 딴 이름입니다.

241

캬바레-데 츠카우 / 오카네와 무이미다.

キャバレ-で 使う / お金は 無意味だ。

242

카레가 키루 / 후쿠와 타키시-도나노?

彼が 着る / 服は タキシ-ドなの?

243

키샤카이켄데 슈츠죠오 센슈오 핫표오스루 / 요테에데스.

記者会見で 出場 選手を 発表する / 予定です。

244

코레와 와타시노 스키나 시데스.

これは 私の 好きな 詩です。

245

카레가 넨도오 안키스루 / 코토가 헤타닷타?

彼が 年度を 暗記する / ことが 下手だった?

카바레에서 쓰는 돈은 무의미하다.

카바레에서 쓰다 / 돈은 무의미다.

일본어에서는 お오나 ご고는 존경접두어입니다.
존경접두어는 존경의 뜻을 나타내기도 하고 말을 아름답게 꾸미는 역할을 합니다.

그가 입을 옷은 턱시도야?

그가 입다 / 옷은 턱시도인 거야?

일본어로 '(옷을) 입다'를 着る키루라고 합니다.
일본의 전통의상인 着物키모노는 직역하면 '입는 것'이라는 뜻이죠.

기자회견에서 출장 선수를 발표할 예정입니다.

기자회견에서 출장 선수를 발표하다 / 예정입니다.

です데스는 명사와 형용사의 존대 표현을 만들 때 쓰는 표현입니다.
동사는 ます마스라는 표현을 씁니다.

이것은 내가 좋아하는 시입니다.

이것은 나의 좋아하는 시입니다.

な나 형용사는 명사를 꾸며줄 때, '~な + 명사'의 형태가 됩니다.
그래서 な나 형용사라고 하죠.

그가 연도를 암기하는 게 서툴렀어?

그가 연도를 암기하다 / 일이 서툼이었다?

下手헤타는 객관적으로 보고 평가할 때 쓰는 '서툴다'고,
苦手니가테는 주관적으로 서툴거나 곤란한 것을 표현하는 '서툴다'입니다.

246

스랏쿠스토 쟈켓토오 코-디네-토스루 / 노와 도오?

スラックスと ジャケットを コ-ディネ-トする / のは どう?

247

샤츠토 레-스노 스카-토가 니아우 / 히토.

シャツと レ-スの スカ-トが 似合う / 人。

248

슈우마츠니 캿치보-루오 스루 / 요테에쟈 나캇타.

週末に キャッチボールを する / 予定じゃ なかった。

249

벤치데 비-루오 노무 / 노가 카레노 사이고노 스가타데시타.

ベンチで ビールを 飲む / のが 彼の 最後の 姿でした。

250

쿄오이쿠 자이단니 키후스루 / 코토와 도오데스카?

教育 財団に 寄付する / ことは どうですか?

슬랙스와 재킷을 입어보는 건 어때?

슬랙스와 재킷을 코디하다 / 것은 어떻다?

일본어에서는 문장의 마지막에 か?카?를 붙이면 의문문이 됩니다.
반말은 の?노?를 붙이거나, 이 문장처럼 말끝을 조금 올려주면 완성입니다.

셔츠와 레이스 스커트가 어울리는 사람.

셔츠와 레이스의 치마가 어울리다 / 사람.

일본어에서는 명사 뒤에 명사가 바로 올 수 없습니다.
그래서 필요가 없어도, 명사와 명사 사이에 の노를 넣어주기도 합니다.

주말에 캐치볼을 할 예정이 아니었다.

주말에 캐치볼을 하다 / 예정이 아니었다.

부정형을 만들 때 쓰는 조사 じゃ쟈와 では데와는
구어체, 문어체라는 점 외에는 차이가 없습니다.

벤치에서 맥주를 마시는 게 그의 마지막 모습이었습니다.

벤치에서 맥주를 마시다 / 것이 그의 마지막의 모습이었습니다.

장음 기호는 단어의 의미에도 큰 영향을 미칩니다.
예를 들어, ビール비-루는 '맥주'라는 뜻이지만, ビル비루는 '빌딩'이라는 뜻입니다.

교육 재단에 기부하는 건 어떠세요?

교육 재단에 기부하다 / 일은 어떻다입니까?

どう ですか?도오데스카?는 '어떻습니까?'라는 표현입니다.
다양한 상황에서 유용하게 쓸 수 있는 표현입니다.

251

코노 킨죠니 케에사츠쇼가 아루 / 카노오세에와 제로쟈 나이?

この 近所に 警察署が ある / 可能性は ゼロじゃ ない?

252

산카쿠칸케이와 라부스토-리니 아리후레타 / 텐카이다.

三角関係は ラブスト-リ-に ありふれた / 展開だ。

253

소노 카이샤나라 키미노 스펫쿠데 와 무리쟈 나이?

その 会社なら 君の スペックで は 無理じゃ ない?

254

겐다이진니 톳테 코뮤니케-숀와 다이지나 코토데스.

現代人に とって コミュニケ-ションは 大事な ことです。

255

가쿠세에 쇼쿠도오와 오무레츠가 토쿠니 오이시이데스.

学生 食堂は オムレツが 特に おいしいです。

이 근처에 경찰서가 있을 가능성은 제로 아니야?

이 근처에 경찰서가 있다 / 가능성은 제로가 아니다?

近所 킨죠는 이웃이나 가까운 근방을 뜻하는 '근처'입니다.
'멀지 않은', '가까운'이라는 近く 치카쿠를 쓸 수도 있습니다.

삼각관계는 러브스토리에 흔한 전개다.

삼각관계는 러브스토리에 흔하다 / 전개다.

우리말로 '애인(愛人)'이라고 하면 그냥 남자친구, 여자친구를 말하지만,
일본에서 愛人 아이진은 불륜 관계에 있는 상대를 지칭하는 표현입니다.

그 회사라면 너의 스펙으로는 무리지 않아?

그 회사라면 너의 스펙으로는 무리가 아니다?

君는 きみ 키미 혹은 くん 쿤이라고 합니다. きみ 키미라고 하면 '너'라는 2인칭 대명사고,
くん 쿤이라고 하면 사람의 성이나 이름의 뒤에 붙는 '~군'입니다.

현대인에게 있어서 커뮤니케이션은 중요한 일입니다.

현대인에 있어서 커뮤니케이션은 중요한 일입니다.

大事는 おおごと 오오고토 혹은 だいじ 다이지라고 합니다.
おおごと 오오고토는 '큰일', '중대사'라는 뜻이고, だいじ 다이지는 '중요함', '소중함'이라는 뜻입니다.

학생 식당에서 오믈렛이 특히 맛있습니다.

학생 식당은 오믈렛이 특에 맛있다입니다.

존대 표현을 만들 때, 명사와 な 나 형용사는 だ 다를 です 데스라고 바꾸고,
い 이 형용사는 마지막 글자 い 이의 뒤에 です 데스를 덧붙입니다.

256

코노 하-모니카와 아나타노 카쿠베츠나 모노데시타카?

この ハ-モニカは あなたの 格別な ものでしたか?

257

베테란노 노오하우와 유우요오다.

ベテランの ノウハウは 有用だ。

258

보류-무 콘토로-루 키노오가 아루 / 헷도훤.

ボリュ-ム コントロ-ル 機能が ある / ヘッドフォン。

259

카노죠와 유우노오나 캬리아 우-만쟈 아리마센데시타카?

彼女は 有能な キャリアウ-マンじゃ ありませんでしたか?

260

도리루가 키혼 쇼오힌쟈 나쿠테 오푸숀닷타?

ドリルが 基本 商品じゃ なくて オプションだった?

이 하모니카는 당신의 각별한 물건이었습니까?

이 하모니카는 당신의 각별한 물건이었습니까?

あなた아나타는 일본어의 2인칭 대명사 중 가장 정중한 표현입니다.
직역하면 '당신'이라는 뜻이죠.

베테랑의 노하우는 유용하다.

베테랑의 노하우는 유용하다.

~だ~다는 명사나 な나 형용사의 현재 긍정 반말 표현입니다.
여기에서는 有用유우요오라는 な나 형용사의 어미로 사용됐습니다.

볼륨 조절 기능이 있는 헤드폰.

볼륨 조절 기능이 있다 / 헤드폰.

일본어로 '있다'는 いる이루와 ある아루 2가지가 있습니다.
사람이나 살아 움직이는 생명체는 いる이루를, 그 외에는 ある아루를 씁니다.

그녀는 유능한 커리어 우먼이 아니었습니까?

그녀는 유능한 커리어 우먼이 아닙니다이었습니까?

な나 형용사는 명사를 꾸며줄 때, '~な + 명사'의 형태가 됩니다.
그래서 な나 형용사라고 하죠.

드릴이 기본 상품이 아니라 옵션이었어?

드릴이 기본 상품이 아니고 옵션이었다?

だった닷타는 だ다의 과거형으로, '~였다'라는 뜻입니다.
부정형은 なかった나캇타입니다.

261

마츠리노 휘나-레오 카잣타 / 노와 난데시타카?

祭りの フィナ-レを 飾った / のは 何でしたか?

262

타닌토 도오쵸오스루 / 노오료쿠와 유우요오데스.

他人と 同調する / 能力は 有用です。

263

타-지마하루노 마에데 톳타 / 샤신쟈 나캇타?

タ-ジマハルの 前で 撮った / 写真じゃ なかった?

264

죠슈노 이요쿠가 나쿠테 콘난데스.

助手の 意欲が なくて 困難です。

265

소노 카테에오 슈우료오시타 / 히토와 쇼오스으데와 아리마센.

その 課程を 修了した / 人は 少数では ありません。

축제의 피날레를 장식한 것은 뭐였습니까?

축제의 피날레를 장식했다 / 것은 무엇이었습니까?

일본어의 의문형은 간단합니다. 존댓말이라면 끝에 か카를 붙이면 되고,
반말이라면 の노를 붙이거나 말끝을 조금 올려주면 완성이죠.

타인과 동조하는 능력은 유용합니다.

타인과 동조하다 / 능력은 유용입니다.

です데스는 명사와 형용사의 존대 표현을 만드는 데 씁니다.
동사는 ます마스라는 표현을 씁니다.

타지마할 앞에서 찍은 사진 아니었어?

타지마할의 앞에서 찍었다 / 사진이 아니었다?

前마에는 '앞'이라는 뜻인데,
공간적인 앞(역 앞), 시간적인 앞(7시 전), 순서상의 앞(타나카 씨 전) 모두에 쓸 수 있습니다.

조수가 의욕이 없어서 곤란합니다.

조수의 의욕이 없어서 곤란입니다.

ない나이와 ありません아리마센은 '없다'와 '아니다'라는 뜻을 모두 가지고 있습니다.
이 문장에서는 '없다'는 의미로 사용됐죠.

그 과정을 수료한 사람은 소수가 아닙니다.

그 과정을 수료했다 / 사람은 소수가 아닙니다.

부정 표현을 쓸 때는 じゃ쟈나 では데와를 쓰는데,
じゃ쟈는 일상회화에서 쓰는 '구어체'고, では데와는 주로 줄글에서 사용되는 '문어체'입니다.

266

에베레스토와 세카이데 이치반 타카이 / 야마데스.

エベレストは 世界で 一番 高い / 山です。

267

센타쿠키노 슛쵸오 슈우리오 요부 / 요테이데스카?

洗濯機の 出張 修理を 呼ぶ / 予定ですか?

268

타닌노 진세에오 쟈마스루 / 켄리와 다레니모 나이.

他人の 人生を 邪魔する / 権利は 誰にも ない。

269

신타이데 이치반 우츠쿠시이 / 부분와 도코데스카?

身体で 一番 美しい / 部分は どこですか?

270

지켄노 모쿠게키샤가 이나쿠테 콘난데와 아리마센카?

事件の 目撃者が いなくて 困難では ありませんか?

에베레스트는 세계에서 제일 높은 산입니다.

에베레스트는 세계에서 가장 높다 / 산입니다.

'제일 좋아하다', '제일 중요하다'처럼 여럿 가운데서 첫째가는 것을 꼽을 때 '제일'이라는 부사를 사용합니다.
일본어로는 一番이치반이라고 하며, 직역하면 1번이라는 뜻입니다.

세탁기 출장 수리를 부를 예정입니까?

세탁기의 출장 수리를 부르다 / 예정입니까?

일본어에서는 명사 뒤에 명사가 바로 올 수 없습니다.
그래서 명사와 명사 사이에, 아무 의미 없이 の노를 넣어주기도 합니다.

타인의 인생을 방해할 권리는 누구에게도 없다.

타인의 인생을 방해하다 / 권리는 누구에게도 없다.

邪魔자마는 '방해'라는 뜻인데,
'실례합니다'라는 뜻의 お邪魔します오쟈마시마스라는 표현으로도 사용됩니다.

신체에서 가장 아름다운 부분은 어디입니까?

신체에서 가장 아름답다 / 부분은 어디입니까?

い이 형용사를 사용해서 명사를 꾸밀 때는 마지막 글자 い이의 뒤에 그대로 명사를 붙입니다.

사건의 목격자가 없어서 곤란하지 않습니까?

사건의 목격자가 없어서 곤란이 아닙니까?

일본어로 '있다'는 いる이루 혹은 ある아루를 씁니다.
사람이나 살아 움직이는 생명체는 いる이루를, 그 외에는 ある아루를 씁니다.

271

코노 쇼오힌와 제에킨가 야스쿠테 닌키가 타카이데스.

この 商品は 税金が 安くて 人気が 高いです。

272

카레와 이료오키구노 카이샤데 킨무시타 / 코토가 나캇타.

彼は 医療器具の 会社で 勤務した / ことが なかった。

273

이도오 쥬교오와 멘도오쿠사쿠테 스키쟈 나이.

移動 授業は めんどうくさくて 好きじゃ ない。

274

와타시타치노 야쿠소쿠노 바쇼와 카이단다.

私たちの 約束の 場所は 階段だ。

275

소노 데바이스와 콘파쿠토나 스타이루쟈 나캇타.

その デバイスは コンパクトな スタイルじゃ なかった。

이 상품은 세금이 싸서 인기가 높습니다.

이 상품은 세금이 싸서 인기가 높다입니다.

일본어로 '비싸다'는 高い타카이, '싸다'는 安い야스이라고 합니다.
'값'은 値段네단이라고 합니다.

그는 의료기구 회사에서 근무한 적이 없었다.

그는 의료기구의 회사에서 근무했다 / 일이 없었다.

ない나이의 과거형은 なかった나캇타라고 합니다.
앞의 조사는 ない나이나 ありません아리마센과 같습니다.

이동 수업은 귀찮아서 좋아하지 않는다.

이동 수업은 귀찮아서 좋음이 아니다.

부정 표현을 만들 때, 명사와 な나 형용사는 じゃ ない쟈나이를 씁니다.
い이 형용사는 마지막 글자 い이를 く쿠로 바꾸고 ない나이를 쓰죠.

우리의 약속 장소는 계단이다.

우리의 약속의 장소는 계단이다.

일본어에서는 명사 뒤에 명사가 바로 올 수 없어서,
조사가 필요하지 않아도 명사와 명사 사이에 の노를 넣기도 합니다.

그 디바이스는 콤팩트한 스타일이 아니었다.

그 디바이스는 콤팩트한 스타일이 아니었다.

その소노는 '그'라는 의미의 지시대명사입니다.
その소노가 명사 앞에 오면, 여럿 가운데서 하나를 콕 찍어서 말하는 것입니다.

276

산오쿠 엔노 사기오 하타라이타 / 히토자 아리마센카?

3億 円の 詐欺を 働いた / 人じゃ ありませんか?

277

코노 쿄쿠와 쿄오카쇼니모 놋타 / 메에쿄쿠데스.

この 曲は 教科書にも 載った / 名曲です。

278

지신노 세에데 도오로가 코와레타 / 노데와 나이?

地震の せいで 道路が 壊れた / のでは ない?

279

콘나니 캇타노니 데리바리- 사-비스가 유우료오닷타?

こんなに 買ったのに デリバリ- サ-ビスが 有料だった?

280

소레와 하-도카바-노 카케에보닷타.

それは ハ-ドカバ-の 家計簿だった。

3억 엔의 사기를 친 사람 아닙니까?

3억 엔의 사기를 일했다 / 사람이 아닙니까?

'사기를 치다'를 일본어로는 詐欺を働く 사기 오 하타라쿠라고 합니다.
働く 하타라쿠는 '일하다', '활동하다'라는 뜻입니다.

이 곡은 교과서에도 실린 명곡입니다.

이 곡은 교과서에도 실렸다 / 명곡입니다.

일본어도 우리말과 마찬가지로 조사와 조사를 합쳐서 쓸 수 있습니다.
이 문장에서도 に니와 も모를 합쳐서 '~에도'라는 조사를 사용하고 있습니다.

지진 때문에 도로가 부서진 거 아냐?

지진의 탓으로 도로가 부서졌다 / 것이 아니다?

지진과 그로 인한 피해를 모두 아울러서 震災 신사이라고 합니다.
2011년 동일본 대지진도 東日本 大震災 히가시니혼 다이신사이라고 합니다.

이렇게 샀는데 배달 서비스가 유료였어?

이렇게 샀다인데 배달 서비스가 유료였다?

のに노니는 역접을 나타내는 조사입니다.
のに노니가 사용됐다면, 그 뒤에는 앞의 내용과 반대되는 내용이 이어집니다.

그것은 양장판 가계부였다.

그것은 하드커버의 가계부였다.

だった닷타는 だ다의 과거형입니다. '~였다'라는 뜻이죠.
명사와 な나 형용사에 쓸 수 있습니다.

281

지인즈노 우에니 코-토오 카케타 / 히토데스카?

ジ-ンズの 上に コ-トを かけた / 人ですか?

282

소레와 지분오 마모루 타메노 / 고신쥬츠데와 아리마센카?

それは 自分を 守る ための / 護身術では ありませんか?

283

슈우마츠니와 피쿠닛쿠오 이쿠 / 요테에다.

週末には ピクニックを 行く / 予定だ。

284

아레가 소노 닌키 타렌토가 슈츠엔스루 / 도라마나노?

あれが その 人気 タレントが 出演する / ドラマなの?

285

코레와 카나다에 이민시타 / 토모다치노 쥬우쇼데스.

これは カナダへ 移民した / 友達の 住所です。

청바지 위에 코트 걸친 사람입니까?

청바지의 위에 코트를 걸쳤다 / 사람입니까?

문장의 마지막에 か?카?나 の노를 붙이거나 말끝을 조금 올려주면 의문문이 됩니다.

그것은 자신을 지키기 위한 호신술 아닙니까?

그것은 자신을 지키다 위한의 / 호신술이 아닙니까?

自分 지분은 '자신', '스스로'라는 뜻입니다.
自分自身 지분지신이라고 하면 '자기 자신'이라는 뜻입니다.

주말엔 소풍을 갈 예정이다.

주말에는 소풍을 가다 / 예정이다.

ピクニック피쿠닛쿠의 앞에 동물원(動物園 도오부츠엔), 수족관(水族館 스이조쿠칸) 같은 단어와 방향을 뜻하는 조사 へ에를 써주면 더 구체적인 표현을 만들 수 있습니다.

저게 그 인기 탤런트가 출연하는 드라마야?

저것이 그 인기 탤런트가 출연하다 / 드라마인 거야?

우리가 일본 드라마를 일드, 미국 드라마를 미드라고 줄여서 부르듯이,
일본에서도 한국 드라마를 韓ドラ 칸도라, 미국 드라마를 アメドラ 아메도라라고 줄여 말합니다.

이것은 캐나다에 이민 간 친구의 주소입니다.

이것은 캐나다로 이민했다 / 친구의 주소입니다.

조사 へ에는 우리말의 '~(으)로'에 해당하는 조사입니다.
'학교로 가다', '동쪽으로 가다' 같은 표현에 사용할 수 있습니다.

286

지마쿠노 나이 / 에에가와 무리쟈 아리마센카?

字幕の ない / 映画は 無理じゃ ありませんか?

287

렌아이데 훈이키와 쥬우요오나 요오소다.

恋愛で 雰囲気は 重要な 要素だ。

288

사쿠반, 즛토 아쿠무오 미테 네 부소쿠다.

昨晩、ずっと 悪夢を 見て 寝 不足だ。

289

슌칸 이도오와 SF 쇼오세츠니 토오죠오스루 / 하나시쟈 나이?

瞬間移動は SF 小説に 登場する / 話じゃ ない?

290

코코와 세카이데 이치반 오오키이 / 스이조쿠칸데스.

ここは 世界で 一番 大きい / 水族館です。

자막이 없는 영화는 무리 아닙니까?

자막의 없다 / 영화는 무리가 아닙니다까?

우리말로는 어색한데, 일본어로는 の노가 들어간 경우가 있습니다.
일본어는 명사를 연달아 쓸 수 없어서, 조사가 필요 없는데 の노를 쓰기 때문입니다.

연애에서 분위기는 중요한 요소다.

연애에서 분위기는 중요한 요소다.

恋와 戀은 같은 한자입니다. 일본에서는 한자의 획순을 간단히 한 '신자체'를 써서,
같은 한자라도 우리가 쓰는 한자와는 모양이 다른 경우가 있습니다.

어젯밤, 계속 악몽을 꿔서 수면 부족이다.

어젯밤, 계속 악몽을 봐서 수면 부족이다.

우리는 '꿈을 꾸다'라고 하지만, 일본에서는 夢を見る유메 오 미루라고 합니다.
직역하면, '꿈을 보다'라는 뜻이죠.

순간 이동은 SF소설에 등장하는 이야기 아냐?

순간 이동은 SF 소설에 등장하다 / 이야기가 아니다?

일본어로 '이야기'를 話하나시 혹은 物語모노가타리라고 합니다.
話하나시는 말로 하는 이야기를, 物語모노가타리는 소설이나 전설 같은 이야기를 뜻합니다.

여기는 세계에서 제일 큰 수족관입니다.

여기는 세계에서 가장 크다 / 수족관입니다.

일본어에서는 '제일'을 一番이치반이라고 합니다.
직역하면 1번이라는 뜻입니다.

291

히만노 캿칸테키나 키쥰와 난데스카?

肥満の 客観的な 基準は 何ですか?

292

산카쿠케에오 에에고니 시타라 토라이안구루데스.

三角形を 英語に したら トライアングルです。

293

토렌도니 무치나 코토가 콘푸렛쿠스데시타.

トレンドに 無知な ことが コンプレックスでした。

294

카노죠와 칸로쿠노 아루 / 스쿠-루 카운세라-쟈 아리마센카?

彼女は 貫禄の ある / スク-ル カウンセラ-じゃ ありませんか?

295

휀신구데 이치반 다이지나 노와 바란스데스카?

フェンシングで 一番 大事な のは バランスですか?

비만의 객관적인 기준은 무엇입니까?

비만의 객관적인 기준은 무엇입니까?

な나 형용사는 명사를 꾸며줄 때, '~な + 명사'의 형태가 되기 때문에 な나 형용사라고 합니다.

삼각형을 영어로 하면 트라이앵글입니다.

삼각형을 영어에 하면 트라이앵글입니다.

です데스는 '~입니다'라는 뜻으로, 명사와 형용사의 존대 표현을 만들 때 쓰는 표현입니다.
동사에는 ます마스를 씁니다.

트렌드에 무지한 것이 콤플렉스였습니다.

트렌드에 무지한 일이 콤플렉스였습니다.

무엇에 무지한 것, 잘 모르는 것이 콤플렉스라는 내용입니다.
컴퓨터(コンピューター 콘퓨-타)나 요리(料理 료오리) 등으로 바꿔 쓸 수 있습니다.

그녀는 관록 있는 학교 상담사가 아닙니까?

그녀는 관록의 있다 / 학교 상담사가 아닙니까?

일본어로 '있다'는 いる이루와 ある아루, 2가지가 있습니다.
사람이나 살아 움직이는 생명체는 いる이루를, 그 외에는 ある아루를 씁니다.

펜싱에서 제일 중요한 건 균형입니까?

펜싱에서 가장 중요한 것은 균형입니까?

大事는 おおごと 오오고토 혹은 だいじ 다이지라고 합니다.
おおごと 오오고토는 '큰일', '중대사'라는 뜻이고, だいじ 다이지는 '중요함', '소중함'이라는 뜻입니다.

296

소노 혼야쿠카와 후리-란사-쟈 아리마센데시타카?

その 翻訳家は フリ-ランサ-じゃ ありませんでしたか?

297

가-데닌구데 다이지나 노와 쵸오와다케 데와 아리마센.

ガ-デニングで 大事な のは 調和だけ では ありません。

298

소노 히토와 사-쿠루노 센파이쟈 나캇타.

その 人は サ-クルの 先輩じゃ なかった。

299

유우시 이라이 나치요리 잔코쿠나 세에후와 나캇타.

有史 以来 ナチより 残酷な 政府は なかった。

300

소레와 데-타베-스니 나이 / 데-타데시타카?

それは デ-タベ-スに ない / デ-タでしたか?

그 번역가는 프리랜서가 아니었나요?

그 번역가는 프리랜서가 아닙니다 이었습니까?

じゃ 쟈는 일상 회화에서 쓰는 '구어체'고,
では 데와는 주로 줄글에서 사용하는 '문어체'입니다.

정원 가꾸기에서 중요한 것은 조화만이 아닙니다.

가드닝에서 중요한 것은 조화만 이 아닙니다.

だけ 다케는 '~만', '~뿐'이라는 뜻의 조사로,
정도, 범위 등을 한정할 때 사용합니다.

그 사람은 동아리 선배가 아니었다.

그 사람은 동아리의 선배가 아니었다.

ない 나이의 과거형은 なかった 나캇타라고 합니다.
앞의 조사는 ない 나이나 ありません 아리마센과 같습니다.

유사 이래 나치보다 잔혹한 범죄집단은 없었다.

유사 이래 나치보다 잔혹한 정부은 없었다.

な 나 형용사는 명사를 꾸며줄 때, '~な + 명사'의 형태가 됩니다.
그래서 '잔혹한'이라는 뜻의 残酷な 잔코쿠나로 활용되었죠.

그것은 데이터베이스에 없는 데이터였습니까?

그것은 데이터베이스에 없다 / 데이터 였습니까?

ない 나이와 ありません 아리마센은 '없다'와 '아니다'라는 뜻을 모두 가지고 있습니다.
문맥이나 조사를 보고 '없다'인지 '아니다'인지 구분해야 합니다.

301

카왓타 / 운텐멘쿄노 시켄와 무즈카시이.

変わった / 運転免許の 試験は 難しい。

302

테에지마데 갓코오니 토오차쿠시 나쿠테모 다이죠오부?

定時まで 学校に 到着し なくても 大丈夫?

303

아레와 데자인 아와-도데 쥬쇼오시타 / 모노다.

あれは デザイン アワードで 受賞した / ものだ。

304

와타시가 넷토 오-쿠숀데 캇타 / 산다루쟈 나이?

私が ネット オ-クションで 買った / サンダルじゃ ない?

305

소노 카이샤와 소후토웨아오 카이하츠스루 /
벤챠-키교오쟈 아리마센카?

その 会社は ソフトウエアを 開発する / ベンチャ-企業じゃ ありませんか?

이번에 바뀐 운전면허 시험은 어렵다.

바뀌었다 / 운전면허의 시험은 어렵다.

일본의 운전면허 시험은 상당히 까다롭습니다. 필기시험, 실기시험은 물론이고
교육 시간까지 채워야 하죠. 그래서 시간을 빨리 채우기 위해 운전면허 학원에서 합숙하기도 합니다.

제시간에 학교에 도착하지 않아도 괜찮아?

정시까지 학교에 도착하지 않아도 괜찮음?

大丈夫는 '대장부'라는 뜻입니다.
일본어로는 だいじょうぶ다이죠오부라고 읽고 '괜찮다'라는 뜻으로 쓰죠.

저것은 디자인 어워드에서 수상한 물건이다.

저것은 디자인 어워드에서 수상했다 / 물건이다.

'수상하다'는 상을 받았다는 뜻입니다. 그러니까, 이 문장의 수상했다(受賞した 쥬쇼오시타)는
'상을 받았다'를 의미하는 賞をもらった쇼오 오 모랏타로도 바꿔 쓸 수 있죠.

내가 넷 옥션으로 산 샌들 아냐?

내가 넷 옥션으로 샀다 / 샌들이 아니다?

私와타시는 가장 폭넓게 쓰이는 '나'입니다.
일본어에는 1인칭 대명사가 다양해서 상황이나 성별에 따라 다르게 사용합니다.

그 회사는 소프트웨어를 개발하는 벤처기업 아닙니까?

그 회사는 소프트웨어를 개발하다 / 벤처기업이 아닙니까?

일본어로 질문하는 법은 아주 간단합니다. 문장의 마지막에 か?카?를 붙이는 것이죠.
반말은 の?노?를 붙이거나 말끝을 조금 올려주면 완성입니다.

306

카노죠노 파훠-만스와 에레간토나 칸지닷타?

彼女の パフォ-マンスは エレガントな 感じだった?

307

아이디아 쇼오힌오 메인토 스루 / 벤챠- 키교오.

アイディア 商品を メインと する / ベンチャ- 企業。

308

아리바이노 나이 / 히토가 한닌쟈 아리마센카?

アリバイの ない / 人が 犯人じゃ ありませんか?

309

지칸와 나니요리 모 카치가 아루 / 요오소데스.

時間は 何より も 価値が ある / 要素です。

310

소노 즈-무렌즈와 오-쿠숀데 카우 / 노가 야스이.

その ズ-ムレンズは オ-クションで 買う / のが 安い。

그녀의 퍼포먼스는 우아한 느낌이었어?

그녀의 퍼포먼스는 우아한 느낌이었다?

우리나라도 그렇지만, 일본도 마찬가지로 외래어를 많이 씁니다.
외래어에 な나를 덧붙여서 '슬림한', '엘레강스한', '럭셔리한' 같은 표현을 씁니다.

아이디어 상품을 주력으로 하는 벤처기업.

아이디어 상품을 메인으로 하다 / 벤처 기업.

商品쇼오힌은 '상품'이라는 뜻입니다.
비슷한 의미인 물건(品物 시나모노), 아이템(アイテム 아이테무) 등으로 바꿔 쓸 수 있습니다.

알리바이가 없는 사람이 범인 아닙니까?

알리바이의 없다 / 사람이 범인이 아닙니까?

일본어의 부정 표현 ない나이와 ありません아리마센은
'없다'와 '아니다'라는 뜻을 모두 가지고 있습니다.

시간은 무엇보다도 가치가 있는 요소입니다.

시간은 무엇보다 도 가치가 있다 / 요소입니다.

より요리는 '~보다'라는 뜻입니다.
앞에 있는 것과 뒤에 있는 것을 비교할 때 사용합니다.

그 줌렌즈는 옥션에서 사는 게 싸다.

그 줌렌즈는 옥션에서 사다 / 것이 싸다.

'비싸다'는 高い타카이, '싸다'는 安い야스이라고 합니다.
'가격'은 値段네단이라고 하죠.

311

소노 하이유우와 하데나 아쿠숀가 토쿠쵸오쟈 나이?

その 俳優は 派手な アクションが 特徴じゃ ない?

312

후타가 코와레타 / 만호-루와 도코데스카?

蓋が 壊れた / マンホ-ルは どこですか?

313

후론토니 부라시오 타논다 / 노와 보쿠쟈 아리마센.

フロントに ブラシを 頼んだ / のは 僕じゃ ありません。

314

소노 헤야노 란푸나라 구레-푸노 카타치쟈 나캇타?

その 部屋の ランプなら グレ-プの 形じゃ なかった?

315

키미가 마-토데 캇타 / 마구캇푸와 돈나 이로 나노?

君が マ-トで 買った / マグカップは どんな 色 なの?

그 배우는 화려한 액션이 특징 아냐?

그 배우는 화려한 액션이 특징이 아니다?

'화려하다'는 일본어로 派手하데 혹은 華やか하나야카입니다.
이 문장 역시 華やかな하나야카나라고 바꿔 쓸 수 있죠.

뜨껑이 부서진 맨홀은 어디에 있습니까?

뚜껑이 부서졌다 / 맨홀은 어디입니까?

どこ ですか?도코데스카?는 '어디입니까?'라는 뜻입니다.
앞에 화장실(トイレ 토이레) 같은 장소를 넣어서 여러 가지로 응용할 수 있습니다.

프런트에 빗을 부탁한 건 내가 아닙니다.

프런트에 빗을 부탁했다 / 것은 내가 아닙니다.

僕보쿠는 주로 남성이 쓰는 '나'입니다.
일본어는 '나'를 지칭하는 1인칭 대명사가 다양해서 성별이나 상황에 따라 구분해서 사용합니다.

그 방의 램프라면 포도 모양 아니었어?

그 방의 램프라면 포도의 모양이 아니었다?

なかった나캇타는 ない나이의 과거 표현입니다. '아니었다' 혹은 '없었다'라는 뜻이죠.
존대 표현은 ありませんでした아리마센데시타입니다.

네가 마트에서 산 머그잔은 무슨 색이니?

너가 마트에서 샀다 / 머그잔은 무슨 색 이야?

일본어로 '컵'을 カップ캇푸 혹은 コップ콧푸라고 합니다.
カップ캇푸는 머그컵같이 손잡이가 있는 컵, コップ콧푸는 종이컵처럼 손잡이가 없는 컵입니다.

일본어와 우리말은 지나치게 비슷하다

-첫날부터 잘한다-

1 하다.

2 했다.

3 합니다.

4 했습니다.

5 하지 않다.

6 하지 않았다.

7 하지 않습니다.

8 하지 않았습니다.

+의문문

앞으로 소개할 8문형 미리 보기

1 **벤리 다.**
便利 だ。 편리 하다.

2 **벤리 닷타.**
便利 だった。 편리 했다.

3 **벤리 데스.**
便利 です。 편리 합니다.

4 **벤리 데시타.**
便利 でした。 편리 했습니다.

5 **벤리 쟈 나이.**
便利 じゃ ない。 편리 하지 않다.

6 **벤리 쟈 나캇타.**
便利 じゃ なかった。 편리 하지 않았다.

7 **벤리 쟈 아리마센.**
便利 じゃ ありません。 편리 하지 않습니다.

8 **벤리 쟈 아리마센 데시타.**
便利 じゃ ありません でした。 편리 하지 않았습니다.

Tip

나 な 형용사를 문장의 서술어로 쓸 때, **기본형 어미는 다** だ 입니다.
그러나 명사의 수식어로 쓰일 때는 어미가 **다** だ **에서 나** な **로** 변하게 됩니다.

다 だ
문장의 서술어

この	鉛筆	は	便利	だ
코노	엔피츠	와	벤리	다
이	연필	은	편리	하다

나 な
명사의 수식어

これ	は	便利	な	鉛筆	だ
코레	와	벤리	나	엔피츠	다
이것	은	편리	한	연필	이다

명사로 태어났다! な 형용사

이번에는 な나 형용사에 대해 알아보겠습니다.

형용사가 다양하지 못하면 다채로운 표현을 만들기 어렵죠. 초기 일본어에는 형용사가 많지 않았습니다. 그래서 형용사의 개수를 늘릴 필요가 있었죠. 일본어 사용자들은 형용사 같은 의미를 가진 명사들을 발견하게 됩니다.

명사

그냥 명사

형용사적 명사를 제외한 모든 명사.
딱 봐도 형용사 같은 느낌이 없다.

Ex 학생, 경찰, 자동차, 집 등···

형용사적 명사

성질이나 상태를 나타내는 명사.
딱 봐도 형용사 같은 느낌이 있다.

Ex 친절, 유명, 편리, 건강, 예쁨 등···

일본어 사용자들은 이 형용사적 명사를 변형해 형용사를 만들었습니다. 그리고 여러 과정을 거친 끝에 한 가지 약속을 하게 됩니다. 형용사적 명사를 형용사로 사용할 때는 **명사 뒤에 だ다**를 붙여주자는 것이었죠.

형용사적 명사 + だ다 = "な나 형용사"

이렇게 만든 형용사가 바로 な나 형용사입니다. 이를 だ다 형용사라고 부르지 않고 な나 형용사라고 부르는 이유는 뒷장에서 설명하겠습니다.

따라서 성질이나 상태를 나타내는 명사 뒤에 だ다를 붙이는 아주 간단한 방법으로, 수많은 형용사가 만들어졌습니다.

명사				“な나 형용사”
유우메에 有名 유명				유우메에다 有名だ 유명하다
신세츠 親切 친절	+	だ다	=	신세츠다 親切だ 친절하다
벤리 便利 편리				벤리다 便利だ 편리하다

이렇게 해서, 일본어는 2종류의 형용사를 갖게 되었습니다.

형용사
- 원래 형용사 …… 항상 い로 끝난다 …… い이 형용사
- 명사＋だ다 …… 항상 だ로 끝난다 …… な나 형용사

읽어보세요!

명사 + だ VS 명사 + だ

다음 두 문장을 비교해 보세요. 비슷해 보이지만 사실은 전혀 다른 문장입니다.

彼女は 카노죠와	警察だ。 케에사츠다.	그녀는 경찰이다.
彼女は 카노죠와	親切だ。 신세츠다.	그녀는 친절하다.

위 두 문장은 모두 だ 다 로 끝나는 짧은 문장입니다. 명사 + 조사 + 명사 + だ 다 의 형태를 가지고 있죠. 두 문장의 차이는 무엇일까요?

먼저 첫 번째 문장을 살펴보겠습니다.

警察だ 케에사츠다 는 '경찰'이라는 의미의 명사 **警察** 케에사츠 에 **だ** 다 를 붙인 표현이죠. 원래는 서술어가 될 수 없는 명사에 문장을 마무리하는 종결 어미가 붙어서 문장의 마지막을 장식하고 있습니다. 명사 + だ 다 는 일본어의 여러 가지 어미 중 가장 먼저 배운 내용입니다. 명사 뒤에 붙이는 긍정·현재·반말·평서 표현! 더 설명이 필요 없을 만큼 아주 기본적인 문형이죠.

그렇다면, 두 번째 문장은 어떨까요?

'친절하다'라는 뜻의 **親切だ** 신세츠다 는 언뜻 보기엔 '친절'이라는 명사 **親切** 신세츠 에 **だ** 다 가 붙은 것 같죠. 따라서 첫 번째 문장과 차이가 없는 것처럼 보입니다. 하지만, **親切だ** 신세츠다 는 な 나 형용사입니다. だ 다 가 덧붙여진 문법적인 형태가 아니라, 그 자체로 하나의 단어인 것이죠. 따라서 명사 + だ 다 용법과는 다릅니다. 앞서 な 나 형용사를 설명하기 위해 형용사적인 의미의 명사 + だ 다 라는 설명을 하기는 했지만, 그것은 어디까지나 な 나 형용사가 생겨난 과정이었습니다.

な 나 형용사는 い 이 형용사처럼 그냥 한 단어의 형용사 입니다. 따라서 명사를 서술어처럼 활용하려면, だ 다 나 です 데스 같은 표현을 명사 뒤에 덧붙여야 합니다. 우리말로 치자면 '한국인이다', '강아지다'의 ~(이)다 같은 것이죠.

하지만, 형용사는 그 자체로 문장을 끝낼 수 있습니다.

彼女は 警察だ。 명사 だ	카노죠와 케에사츠다.	그녀는 경찰이다.
彼女は 親切だ。 な 형용사	카노죠와 신세츠다.	그녀는 친절하다.
彼女は 美しい。 い 형용사	카노죠와 우츠쿠시이.	그녀는 아름답다.

그뿐만 아니라, 명사를 수식할 수도 있죠.

이때는 だ 다 가 な 나 로 변합니다. 우리가 지금까지 だ 다 로 끝난다고 하면서도 정작 이름을 부를 땐 な 나 형용사라고 했던 이유가 바로 이것입니다.

な 나 형용사	有名だ	유우메이다	유명하다
	有名な 人	유우메이나 히토	유명한 사람
명사	警察だ	케에사츠다	경찰이다
	警察な 人	케에사츠나 히토	X

앞서 배운 い 이 형용사는 문장의 서술어로 쓰일 때와 명사를 수식할 때의 형태가 같았습니다. 그러나 な 나 형용사는 명사를 수식할 때, だ 다 가 な 나 로 변합니다.

읽어보세요!

명사와 な나 형용사 구분하기

방법 1 딱 봐서 형용사적 의미 이면 な나 형용사

な나 형용사는 명사에서 온 것이기 때문에 명사와 구분이 어려울 수도 있습니다. 하지만 명사 중에서 오직 형용사적 의미를 가진 것들로만 만들었기 때문에, 의미를 살펴보면 당연히 형용사적인 느낌을 물씬 가지고 있습니다.

방법 2 ~한과 붙으면 な나 형용사

위 두 단어는 모두 뒤에 오는 명사를 꾸며주는 말입니다.
이때 '~한'이 붙으면 な나 형용사, '의'가 붙으면 명사입니다.

친절한 → 親切な 신세츠나 : 나 형용사
도시의 → 都市の 토시노 : 명사

방법 3 매우를 붙일 수 있으면 な나 형용사

な나 형용사는 본래 의미의 앞에 매우를 붙일 수 있습니다.
정말 그런지 확인하기 위해 몇 개의 예를 더 보겠습니다.

매우 편리하다. O → とても 便利だ。토테모 벤리다. : 나 형용사
매우 도시이다. X : 명사

읽어보세요!

내가 동사로 보이니?

동사와 형용사를 구분하는 일은 매우 쉽습니다. 동사의 개념만 알면 한눈에 동사라는 것을 알 수 있죠. 형용사도 마찬가지고요. 하지만 일본어에는 그렇지 않은 표현들이 있습니다.

아래 표현들 가운데 동사는 무엇이고 형용사는 무엇일까요?

愛する	아이스루	사랑하다	동사
好きだ	스키다	좋아하다	형용사
嫌いだ	키라이다	싫어하다	형용사
安心だ	안신다	안심하다	형용사
夢中だ	무츄우다	열중하다	형용사

위 5개의 표현 중 '사랑하다'만 동사이고 나머지 4개는 **な** 나 형용사입니다.

'좋아하다, 싫어하다, 안심하다, 열중하다'처럼 마치 동사처럼 보이는 이 표현들이 형용사라는 것은 일본어의 독특한 특징입니다. 우리말에서는 위 5개의 표현 모두 동사입니다. 어찌 되었건 '사랑하다'의 다른 표현인 '좋아하다'가 형용사로 분류되는 것은 조금 충격적이죠? 앞의 표현은 꼭 기억해서 혼동하는 일이 없도록 해야겠습니다.

우리말과 일본어는 유사한 점이 많습니다. 전치사가 아니라 조사를 쓴다는 점, 같은 한자 문화권이라 발음이 비슷한 단어가 많다는 점 등 말이죠. 그러나 우리말과 일본어는 기본적으로 다른 언어이기에 생각지도 못한 부분에서 큰 차이가 난다는 점! 꼭 기억해주세요.

316

손나 탄쥰나 세에카쿠데 사기와 무리쟈 나이?

そんな 単純な 性格で 詐欺は 無理じゃ ない?

317

코노 료칸노 온센가 손나니 유우메에데스카?

この 旅館の 温泉が そんなに 有名ですか?

318

센슈우 가이쇼쿠시타 / 칸코쿠 쇼쿠도오와 신세츠데시타.

先週 外食した / 韓国 食堂は 親切でした。

319

엔만나 세에카츠노 타메니와 타이와가 쥬우요오다.

円満な 生活の ためには 対話が 重要だ。

320

레몬와 산미가 츠요쿠테 키라이데스.

レモンは 酸味が 強くて 嫌いです。

그런 단순한 성격으로 사기는 무리 아냐?

그런 단순한 성격으로 사기는 무리가 아니다?

'사기 치다'라는 표현을 일본어로는 **詐欺を働く** 사기 오 하타라쿠라고 합니다.
働く 하타라쿠는 '일하다', '활동하다'라는 뜻입니다.

이 여관의 온천이 그렇게 유명합니까?

이 여관의 온천이 그렇게 유명입니까?

旅館 료칸이라는 글자만 보고 우리나라의 '여관'을 생각하면 안 됩니다.
일본에서 **旅館** 료칸이라고 하면, 고풍스럽고 고급스러운 이미지가 강한 전통 호텔이기 때문이죠.

지난주에 외식했던 한국 식당은 친절했습니다.

지난주 외식했다 / 한국 식당은 친절이었습니다.

우리 전통 음식 '한식'을 일본어로는 한정식(韓定食 칸테이쇼쿠)이라고 합니다.
그냥 '칸쇼쿠'라고 하면, 한식韓食이 아니라 간식間食이라는 뜻이 되죠.

원만한 생활을 위해서는 대화가 중요하다.

원만한 생활의 위해서는 대화가 중요다.

重要だ 쥬우요오다는 '중요하다'라는 뜻입니다.
비슷한 표현으로는 **大事だ** 다이지다와 **大切だ** 타이세츠다가 있습니다.

레몬은 신맛이 강해서 싫어합니다.

레몬은 신맛이 강해서 싫다입니다.

싫다'는 뜻의 형용사 **嫌い** 키라이는
언뜻 보기에 **い**이 형용사 같지만, 사실은 **な**나 형용사입니다.

321

자이테쿠와 무즈카시이데스카?

財テクは 難しいですか?

322

와타시와 스이리토 레키시 에에가가 토쿠니 스키데스.

私は 推理と 歴史 映画が 特に 好きです。

323

사이킨, 아메가 후라 나쿠테 미즈가 후소쿠데스.

最近、雨が 降ら なくて 水が 不足です。

324

소노 비지네스 카모쿠와 키라이데스.

その ビジネス 科目は 嫌いです。

325

사케와 아마리 스키쟈 아리마센.

酒は あまり 好きじゃ ありません。

재테크는 어렵습니까?

재테크는 어렵다입니까?

難しい 무즈카시이는 '어렵다'라는 뜻의 い이 형용사입니다.
반대되는 말로는 '쉽다'라는 뜻의 易しい 야사시이가 있습니다.

나는 추리랑 역사 영화를 특히 좋아합니다.

나는 추리와 역사 영화가 특에 좋음입니다.

사물을 나열할 때 쓰는 조사는 や야와 と토가 있습니다.
や야는 '~나 ~가 있다'처럼 어떠한 것을 대표적으로 선택해서 나열할 때 사용합니다.

최근, 비가 내리지 않아서 물이 부족합니다.

최근, 비가 내리지 않아서 물이 부족입니다.

最近 사이킨은 '최근'이라는 뜻입니다.
비슷한 말로, '요사이', '요즈음'이라는 뜻의 このごろ 코노고로가 있습니다.

그 비즈니스 과목은 싫습니다.

그 비즈니스 과목은 싫음입니다.

その 소노는 '그'라는 의미의 지시대명사입니다.
その 소노가 명사 앞에 오면, 여럿 가운데서 하나를 콕 찍어서 말하는 것입니다.

술은 그다지 좋아하지 않습니다.

술은 그다지 좋음이 아닙니다.

일본 술은 酒 사케 혹은 日本酒 니혼슈라고 합니다.
酒 사케는 그냥 '술'이라는 뜻인데, 요즘에는 '일본 술'이라는 의미로 많이 씁니다.

326

료오리노 렌슈우와 세에코오닷타.

料理の 練習は 成功だった。

327

와타시와 카레라토 오나지 사-쿠루쟈 나캇타.

私は 彼らと 同じ サ-クルじゃ なかった。

328

코코와 와타시노 코레쿠숀루-무데스.

ここは 私の コレクションル-ムです。

329

카레노 슈미와 숏핀구데스.

彼の 趣味は ショッピングです。

330

삿카-데와 고-루오 이레루토 토쿠텐데스.

サッカ-では ゴ-ルを 入れると 得点です。

요리 연습은 성공이었다.

요리의 연습은 성공이었다.

연습을 성공적으로 끝냈다는 내용의 문장입니다.
여기에서의 요리는 수영(水泳 스이에에)이나 노래(歌 우타) 등으로 바꿔 쓸 수 있습니다.

나는 그들과 같은 동아리가 아니었다.

나는 그들과 같음 동아리가 아니었다.

な나 형용사가 명사를 수식할 때는 '~な + 명사'의 형태가 됩니다.
하지만, 同じ 오나지는 예외적으로 '同じ + 명사'의 형태로 사용합니다.

여기는 내 컬렉션룸입니다.

여기는 나의 컬렉션룸입니다.

ここ 코코는 '여기'라는 위치를 설명하는 지시대명사입니다.
그 외에도 거기(そこ 소코), 저기(あそこ 아소코), 어디(どこ 도코)가 있습니다.

그의 취미는 쇼핑입니다.

그의 취미는 쇼핑입니다.

쇼핑(ショッピング 숏핀구)은 영어에서 온 외래어입니다.
같은 의미의 일본어로는 買い物 카이모노라고 합니다.

축구에서는 골을 넣으면 득점입니다.

축구에서는 골을 넣다라면 득점입니다.

では 데와는 부정 표현의 앞에서 '~이(가) 아니다'라는 의미로도 쓰지만,
で 데와 は 와를 연결한 형태로 '~에서는'이라는 의미로도 쓸 수 있습니다.

331

아노 히토와 오레가 손케에스루 / 스탄토만다.

あの 人は 俺が 尊敬する / スタントマンだ。

332

소레와 가소린오 운판스루 / 센파쿠데와 아리마센데시타.

それは ガソリンを 運搬する / 船舶では ありませんでした。

333

아시타와 피아노 쿄오시츠니 이쿠 / 히쟈 나이?

明日は ピアノ 教室に 行く / 日じゃ ない?

334

카노죠가 오레니 우인쿠스루 / 코토와 나이.

彼女が 俺に ウインクする / ことは ない。

335

유메토 휴-마니즈무데 미치타 / 카조쿠노 모노가타리.

夢と ヒューマニズムで 満ちた / 家族の 物語。

저 사람은 내가 존경하는 스턴트맨이다.

저 사람은 내가 존경하다 / 스턴트맨이다.

일본어에는 1인칭 대명사(나)가 **私**와타시, **僕**보쿠, **俺**오레, **わし**와시 등 많이 있는데,
어디에서나 가장 무난하게 쓸 수 있는 건 **私**와타시입니다.

그것은 휘발유를 운반하는 선박이 아니었습니다.

그것은 휘발유를 운반하다 / 선박이 아닙니다이었습니다.

'주유소'를 일본어로 **ガソリンスタンド**가소린스탄도라고 합니다.
영어 단어인 **gasoline**과 **stand**를 결합한 형태로, 실제 영어권에서는 사용되지 않는 표현이라고 하네요.

내일은 피아노 교실에 가는 날 아냐?

내일은 피아노 교실에 가다 / 날이 아니다?

'내일'이라는 뜻의 일본어 **明日**는 **あした**아시타 혹은 **あす**아스로 읽는데,
あした아시타는 일반적으로 쓰는 말투고, **あす**아스는 좀 더 딱딱하고 정중한 느낌입니다.

그녀가 나에게 윙크할 일은 없다.

그녀가 나에게 윙크하다 / 일은 없다.

'그녀'를 일본어로 **彼女**카노죠라고 하는데,
彼女카노죠에는 '여자친구'라는 뜻도 있습니다.

꿈과 휴머니즘으로 가득한 가족 이야기.

꿈과 휴머니즘으로 가득 찼다 / 가족의 이야기.

'이야기'를 일본어로 **話**하나시 혹은 **物語**모노가타리라고 합니다.
話하나시는 말로 하는 이야기 혹은 말이고, **物語**모노가타리는 소설이나 전설 같은 이야기입니다.

336

소노 군진와 쵸오진노 요오닷타.

その 軍人は 超人の ようだった。

337

쥰비 부소쿠와 싯파이노 이치반 오오이 / 겐인데스.

準備 不足は 失敗の 一番 多い / 原因です。

338

소노 칸료오와 인테리나 호와이토카라- 로오도오샤데스.

その 官僚は インテリな ホワイトカラ- 労働者です。

339

후도오산 시죠오오 미루토, 바부루가 오오이.

不動産 市場を 見ると、バブルが 多い。

340

도코니 파-킨구시타 / 노카 젠젠 키오쿠가 나이.

どこに パ-キングした / のか 全然 記憶が ない。

그 군인은 초인 같았다.

그 군인은 초인의 듯였다.

だった닷타는 '~였다'라는 의미로, だ다의 과거 표현입니다.
명사와 な나 형용사와 함께 사용합니다.

준비 부족은 실패의 가장 많은 원인입니다.

준비 부족은 실패의 제일 많다 / 원인입니다.

'제일 좋아하다', '제일 중요하다'처럼 여럿 가운데서 첫째가는 것을 꼽을 때 '제일'이라는 부사를 사용합니다.
일본어로는 一番이치반이라고 하며, 직역하면 1번이라는 뜻입니다.

그 관료는 지적인 화이트칼라 노동자입니다.

그 관료는 지적인 화이트칼라 노동자입니다.

우리말도 그렇지만, 일본어도 외래어를 많이 씁니다.
외래어에 な나를 덧붙여서 '슬림한', '엘레강스한', '럭셔리한' 같은 표현을 씁니다.

부동산 시장을 보면, 거품이 많다.

부동산 시장을 보다라면, 거품이 많다.

명사나 な나 형용사와는 달리 い이 형용사는 마지막 글자가 い이로 끝납니다.

어디에 주차했는지 전혀 기억나지 않는다.

어디에 주차했다 / 것인지 전혀 기억이 없다.

어떤 것을 완전히 부정할 때 쓰는 '전혀'를 일본어로는 全然젠젠이라고 합니다.
영어의 never 같은 표현입니다.

341

아타라시이 / 칸토쿠와 콧카다이효오 코-치 슛신다.

新しい / 監督は 国家代表 コ-チ 出身だ。

342

사키 미타 / 젠토루만와 혼토오니 키조쿠닷타.

先 見た / ゼントルマンは 本当に 貴族だった。

343

코노 온시츠와 하지메테 미루 / 데자인데와 아리마센카?

この 温室は 初めて 見る / デザインでは ありませんか?

344

카부키와 니혼오 다이효오스루 / 덴토오게키데스.

歌舞伎は 日本を 代表する / 伝統劇です。

345

카레와 신케에시츠나 세에카쿠쟈 아리마센데시타.

彼は 神経質な 性格じゃ ありませんでした。

새로운 감독은 국가대표 코치 출신이다.

새롭다 / 감독은 국가대표 코치 출신이다.

い이 형용사는 명사를 수식할 때, 마지막 글자 い이의 뒤에 그대로 명사를 붙입니다.

아까 봤던 신사는 정말로 귀족이었다.

아까 봤다 / 신사는 정말로 귀족이었다.

일본은 왕과 왕족이 현존하는 입헌 군주 국가입니다. 제2차 세계 대전에서 패망하기 전까진 귀족 계급도 있었는데, 이 귀족 계급을 화족華族이라고 합니다.

이 온실은 처음 보는 디자인 아닙니까?

이 온실은 처음으로 보다 / 디자인이 아닙니까?

부정 표현을 쓸 때는 じゃ쟈나 では데와의 뒤에 ない나이나 ありません아리마센을 붙입니다.

가부키는 일본을 대표하는 전통극입니다.

가부키는 일본을 대표하다 / 전통극입니다.

歌舞伎카부키는 에도 시대에 시작된 일본 전통 연극입니다.
모든 배우가 남성으로 이루어져 있으며, 얼굴에 새하얀 분칠을 하고 화려한 의상을 입는 게 특징입니다.

그는 신경질적인 성격이 아니었습니다.

그는 신경질적인 성격이 아닙니다이었습니다.

존대 부정 표현의 과거형은 부정형인 ありません아리마센의 뒤에 과거형인 でした데시타가 덧붙은 형태입니다.

346

센게츠노 카조쿠 료코오와 타노시캇타데스.

先月の 家族 旅行は 楽しかったです。

347

타닌와 지분 이가이노 히토오 이미스루 / 코토바데스.

他人は 自分 以外の 人を 意味する / 言葉です。

348

세에카쿠가 아와 나쿠테 리콘스루 / 히토가 오오이.

性格が 合わ なくて 離婚する / 人が 多い。

349

칸코오부츠니 콘나 잣키오 시타 / 노와 다레데스카?

刊行物に こんな 雑記を した / のは 誰ですか?

350

쿄오와 오레타치가 신료오오 우케루 / 히데스.

今日は 俺たちが 診療を 受ける / 日です。

지난달에 가족 여행은 즐거웠습니다.

지난달의 가족 여행은 즐거웠다입니다.

명사나 な나 형용사는 존대 표현의 과거형을 쓸 때 でした 데시타라고 하는데,
い이 형용사는 かったです 캇타데스라고 합니다.

타인은 자신 이외의 사람을 뜻하는 말입니다.

타인은 자신 이외의 사람을 의미하다 / 말입니다.

言葉 코토바는 우리말로 직역하면 '말의 잎'이고,
'말', '언어', '단어'라는 의미입니다.

이혼에서 성격 차이는 흔한 이유 아냐?

성격이 맞지 않아서 이혼하다 / 사람이 많다.

일본인은 딱 잘라서 자신의 의견을 내세우는 것을 좋아하지 않습니다.
그래서 '아니다'보다는, '다르다'라는 의미의 違う 치가우라는 말을 많이 쓰죠.

간행물에 이런 잡기를 한 게 누구입니까?

간행물에 이런 잡기를 했다 / 것은 누구입니까?

誰 다레는 '누구'라는 뜻입니다.
'어느 분'하고 정중하게 표현할 때는 どなた 도나타라고 합니다.

오늘은 우리가 진료를 받는 날입니다.

오늘은 우리가 진료를 받다 / 날입니다.

일본어에서는 '우리'라는 말이 따로 없고,
'나'라는 1인칭 대명사에 복수형 표현인 たち 타치나 ら 라를 붙여서 사용합니다.

351

카레오 사기 요오기데 타이호시타 / 히토와 다레닷타?

彼を 詐欺 容疑で 逮捕した / 人は 誰だった?

352

베-싯쿠나 스타이루노 인타-훼-스와 도오?

ベ-シックな スタイルの インタ-フェ-スは どう?

353

카노죠와 신세츠나 타이도데 효오반가 요캇타.

彼女は 親切な 態度で 評判が よかった。

354

모쿠테키노 나이 / 케에카쿠와 이미가 나이.

目的の ない / 計画は 意味が ない。

355

콘폰토 키소와 치가우 / 하나시자 나이?

根本と 基礎は 違う / 話じゃ ない?

나를 사기 혐의로 체포한 사람은 누구였어?

그를 사기 혐의로 체포했다 / 사람은 누구였다?

俺오레는 남성이 쓰는 '나'입니다.
일본어는 '나'를 지칭하는 1인칭 대명사가 私와타시, 僕보쿠, 俺오레 등 굉장히 다양합니다.

기본적인 스타일의 인터페이스는 어때?

기본적인 스타일의 인터페이스는 어떻다?

우리말과 마찬가지로 일본어도 외래어를 많이 사용합니다.
외래어에 な나를 덧붙여서 '슬림한', '엘레강스한', '럭셔리한' 같은 표현을 씁니다.

그녀는 친절한 태도로 평판이 좋았다.

그녀는 친절한 태도로 평판이 좋았다.

'좋다'를 의미하는 いい이이는 활용할 때 い이가 よ요로 변합니다.
그래서 언뜻 보면 전혀 다른 단어로 보이기도 하죠.

목적 없는 계획은 의미가 없다.

목적의 없다 / 계획은 의미가 없다.

일본어에서 '절'이 명사를 수식할 때, 조사 が가는 の노로 변합니다.
그래서 이 문장은 '목적의 없는'이 아닌 '목적이 없는'으로 해석하는 것이죠.

근본과 기초는 다른 말 아냐?

근본과 기초는 다르다 / 이야기가 아니다?

話하나시는 '이야기' 혹은 '말'이라는 뜻입니다.
이 문장에서는 '말', '언어', '단어' 등을 의미하는 言葉코토바로도 바꿔 쓸 수 있습니다.

356

뉴우가쿠니 히츠요오나 쇼루이와 코레데와 아리마센.

入学に 必要な 書類は これでは ありません。

357

코코와 가이코쿠진가 타쿠산 쿠루 / 칸코오메에쇼데스.

ここは 外国人が たくさん 来る / 観光名所です。

358

에에가오 미나가라 피자오 타베루 / 노와 타노시이데스.

映画を 見ながら ピザを 食べる / のは 楽しいです。

359

소코마데 샤이나라 / 샤카이 세에카츠니 코마리와 나이?

そこまで シャイなら / 社会 生活に 困りは ない?

360

카레시토 와카레테 춋토 사비시이.

彼氏と 別れて ちょっと 寂しい。

입학에 필요한 서류는 이게 아닙니다.

입학에 필요한 서류는 이것이 아닙니다.

これ 코레는 사물을 지칭할 때 사용하는 지시대명사입니다.
사물을 지칭하는 지시대명사에는 그것(それ 소레), 저것(あれ 아레), 어느 것(どれ 도레) 등이 있습니다.

여기는 외국인이 많이 오는 관광명소입니다.

이곳은 외국인이 많음 오다 / 관광명소입니다.

ここ 코코는 '여기'라는 위치를 설명하는 지시대명사입니다.
그 외에도 거기(そこ 소코), 저기(あそこ 아소코), 어디(どこ 도코)가 있습니다.

영화를 보면서 피자를 먹는 건 즐겁습니다.

영화를 봄하면서 피자를 먹다 / 것은 즐겁다입니다.

ながら 나가라는 '하면서'라는 조사로, 동사에 붙어서 사용합니다.
笑いながら 와라이나가라는 '웃으면서', 飲みながら 노미나가라는 '마시면서'라는 뜻이죠.

그렇게까지 수줍음이 많으면 사회생활이 곤란하지는 않아?

거기까지 수줍음이라면 / 사회 생활에 곤란함은 없다?

ない 나이와 ありません 아리마센은 '없다'와 '아니다'라는 뜻을 모두 가지고 있습니다.
문맥이나 조사를 보고 '없다'인지 '아니다'인지 구분해야 합니다.

남자친구와 헤어져서 좀 쓸쓸하다.

남자친구와 헤어져서 조금 쓸쓸하다.

일본어로 '남자친구'는 彼氏 카레시, '여자친구'는 彼女 카노죠라고 합니다.

361

코레 다케 데모 쥬우분 니 타노시이 데스.

これ だけ でも 十分 に 楽しい です。

362

코레 와 오레 가 츄우몬 시타 / 스카-후 쟈 나이.

これ は 俺 が 注文 した / スカ-フ じゃ ない。

363

코노 츠-피-스 가 유니훠-무 쟈 아리마센 데시타카?

この ツ-ピ-ス が ユニフォ-ム じゃ ありません でしたか?

364

센세에 노 치에 가 히츠요오나 몬다이 데스.

先生 の 知恵 が 必要な 問題 です。

365

헤비 와 온도 헨카 니 빈칸나 도오부츠 다.

蛇 は 温度 変化 に 敏感な 動物 だ。

이것만으로도 아주 즐겁습니다.

이것만 으로도 충분히 즐겁다입니다.

우리말 '충분充分'은 채울 충充을 씁니다. 일본어로는 十分이라고 쓰는데,
じゅうぶん쥬우분이라고 하면 '충분', じっぷん짓푼이라고 하면 '10분'이라는 뜻입니다.

이것은 내가 주문한 스카프가 아니다.

이것은 내가 주문했다 / 스카프가 아니다.

俺오레는 남성이 쓰는 '나'입니다.
일본어는 '나'를 지칭하는 1인칭 대명사가 私와타시, 僕보쿠, 俺오레 등 굉장히 다양합니다.

이 투피스가 유니폼 아니었습니까?

이 투피스가 유니폼이 아닙니다이었습니까?

일본어로 질문하는 법은 아주 간단합니다. 문장의 마지막에 か?카?를 붙이는 것이죠.
반말은 の?노?를 붙이거나 말끝을 조금 올려주면 됩니다.

선생님의 지혜가 필요한 문제입니다.

선생님의 지혜가 필요한 문제입니다.

우리는 보통 '선생先生'에 '님'이라는 존칭을 붙이지만,
일본에서는 그냥 先生센세에라고 합니다.

뱀은 온도 변화에 민감한 동물이다.

뱀은 온도 변화에 민감한 동물이다.

な나 형용사는 명사를 꾸며줄 때, '~な + 명사'의 형태가 됩니다.
그래서 な나 형용사라고 합니다.

366

카레와 코노 코오죠오데 이치반 케에켄니 토무 / 히토다.

彼は この 工場で 一番 経験に 富む / 人だ。

367

스-파-데 캇타 / 노가 한바-구노 자이료오쟈 나이?

ス-パ-で 買った / のが ハンバ-グの 材料じゃ ない?

368

사이킨와 유우리나 킨리노 킨유우 쇼오힌가 나이.

最近は 有利な 金利の 金融 商品が ない。

369

센몬카가 스쿠나이 / 코토가 몬다이데와 아리마센카?

専門家が 少ない / ことが 問題では ありませんか?

370

인파쿠토노 아루 / 에피로-구닷타?

インパクトの ある / エクセレントだった?

그는 이 공장에서 가장 경험이 풍부한 사람이다.

그는 이 공장에서 가장 경험에 풍부하다 / 사람이다.

'제일 좋아하다', '제일 중요하다'처럼 여럿 가운데서 첫째가는 것을 꼽을 때 '제일'이라는 부사를 사용합니다.
일본어로는 一番이치반이라고 하며, 직역하면 1번이라는 뜻입니다.

슈퍼에서 산 게 햄버그스테이크 재료 아냐?

슈퍼에서 샀다 / 것이 햄버그스테이크의 재료가 아니다?

の노는 활용법이 굉장히 다양합니다.
이 문장에서는 '것'이라는 의미로 사용됐습니다.

요즘은 유리한 금리의 금융상품이 없어.

최근은 유리한 금리의 금융 상품이 없다.

最近사이킨은 '최근'이라는 뜻입니다.
비슷한 말로, '요사이', '요즈음'이라는 뜻의 このごろ코노고로가 있습니다.

전문가가 적은 것이 문제 아닙니까?

전문가가 적다 / 일이 문제가 아닙니까?

형용사가 명사를 꾸밀 때, い이 형용사는 마지막 글자 い이의 뒤에 명사를 붙입니다.
な나 형용사는 마지막 글자 だ다를 な나로 바꾼 뒤에 명사를 쓰죠.

임팩트 있는 에필로그였어?

임팩트의 있다 / 에필로그였다?

일본어로 '있다'는 いる이루와 ある아루, 2가지가 있습니다.
사람이나 살아 움직이는 생명체에는 いる이루를, 그 외에는 ある아루를 씁니다.

371

오레와 고루후노 렌슈우죠오에 이쿠 / 요테에닷타.

俺は ゴルフの 練習場へ 行く / 予定だった。

372

쿄오노 벤토오와 오무라이스데시타.

今日の 弁当は オムライスでした。

373

혼분와 모라루니 칸스루 / 노쟈 아리마센데시타카?

本文は モラルに 関する / のじゃ ありませんでしたか?

374

쿠라이안토노 타메노 츠리바.

クライアントの ための 釣り場。

375

이소이데 에레베-타-니 노리코마 나쿠테모 다이죠오부다.

急いで エレベ-タ-に 乗り込ま なくても 大丈夫だ。

나는 골프 연습장에 갈 예정이었다.

나는 골프의 연습장으로 가다 / 예정이었다.

だった닷타는 だ다의 과거형입니다. '~였다'라는 뜻이죠.
명사와 な나 형용사의 과거 긍정 반말 표현입니다.

오늘 도시락은 오므라이스였습니다.

오늘의 도시락은 오므라이스였습니다.

일본어에서 단어의 앞에 お오나 ご고를 붙이면 정중한 느낌이 됩니다.
お弁当오벤토오라고 하면 弁当벤토오보다 정중하고 격식 있는 단어가 되죠.

본문은 도덕에 관한 것 아니었습니까?

본문은 도덕에 관하다 / 것이 아닙니다이었습니까?

부정 표현의 과거형은 부정형인 ありません아리마센의 뒤에
과거를 표현하는 でした데시타를 덧붙여서 만듭니다.

클라이언트를 위한 낚시터.

클라이언트의 위해의 낚시터.

일본어는 명사와 명사가 바로 이어질 수 없습니다.
그래서 조사가 필요 없어도, 명사와 명사 사이에 の노를 넣어주기도 합니다.

급하게 엘리베이터에 올라타지 않아도 괜찮아.

급하게 엘리베이터에 올라타지 않아도 괜찮음이다.

大丈夫는 '사내대장부'라고 할 때의 '대장부'인데,
일본어에서는 だいじょうぶ다이죠오부라고 읽고 '괜찮다'라는 뜻으로 씁니다.

376

키혼테키니 닌겐와 샤카이테키 도오부츠데스.

基本的に 人間は 社会的 動物です。

377

오린핏쿠니 데루 / 콧카다이효오 센바츠센.

オリンピックに 出る / 国家代表 選抜戦。

378

코오소쿠도오로데 잇타라, 스구 토오차쿠쟈 나이?

高速道路で 行ったら、すぐ 到着じゃ ない?

379

「닌겐 싯카쿠」와 무즈카시이 / 쇼오세츠데와 아리마센카?

「人間失格」は 難しい / 小説では ありませんか?

380

카노죠와 요-롯파데 카츠도오스루 / 켄치쿠카데스카?

彼女は ヨ-ロッパで 活動する / 建築家ですか?

기본적으로 인간은 사회적 동물입니다.

기본적으로 인간은 사회적 동물입니다.

우리말에서 '인간'이라는 표현은 부정적인 뉘앙스가 있고, '사람'이라는 표현을 많이 씁니다.
하지만 일본에서 인간(人間 인간)은 그냥 '사람', '인간'이라는 뉘앙스입니다.

올림픽에 출전할 국가대표 선발전.

올림픽에 나가다 / 국가대표 선발전.

올림픽은 일본어로 オリンピック오린핏쿠인데, 五輪고린이라고도 합니다.
五輪고린은 올림픽기인 오륜기 五輪旗에서 딴 이름입니다.

고속도로로 가면, 금방 도착 아냐?

고속도로로 가면, 곧 도착이 아니다?

すぐ스구는 '곧'이나 '금방'이라는 뜻도 있지만, '바로'라는 뜻도 있습니다.
すぐ行く스구이쿠라고 하면 '금방 가다'도 되지만 '바로 가다'라는 뜻도 되죠.

「인간 실격」은 어려운 소설 아닙니까?

「인간 실격」은 어렵다 / 소설이 아닙니까?

「인간 실격」은 일본 소설가 '다자이 오사무'의 작품으로, 1948년에 발표된 장편 소설입니다.

그녀는 유럽에서 활동하는 건축가입니까?

그녀는 유럽에서 활동하다 / 건축가입니까?

유럽을 일본어로 하면 ヨーロッパ요-롯파라고 합니다.
아시아는 アジア아지아, 아프리카는 アフリカ아후리카라고 하죠.

381

소노 타이카이니 산카시타 / 히토와 오레쟈 나이.

その 大会に 参加した / 人は 俺じゃ ない。

382

카노죠노 카이모노 리스토와 와인토 샨판 다케데시타.

彼女の 買い物 リストは ワインと シャンパン だけでした。

383

소노 료오리와 오이시이데스 가, 타카쿠 아리마센카?

その 料理は おいしいです が、高く ありませんか?

384

카레니 쥬우요오나 노와 지분노 리에키쟈 아리마센데시타.

彼に 重要な のは 自分の 利益じゃ ありませんでした。

385

콘나 카라후루나 이야-마후와 도오?

こんな カラフルな イヤ-マフは どう?

그 대회에 참가한 사람은 내가 아니다.

그 대회에 참가했다 / 사람은 내가 아니다.

俺오레는 남성이 쓰는 '나'입니다.
일본어는 '나'를 지칭하는 1인칭 대명사가 私와타시, 僕보쿠, 俺오레 등 굉장히 다양합니다.

그녀의 쇼핑 리스트는 와인과 샴페인뿐이었다.

그녀의 쇼핑 리스트는 와인과 샴페인 뿐이었습니다.

買い物카이모노는 쇼핑, 장보기 등 '물건을 사는 행위'의 총칭입니다.
買い物かご카이모노카고라고 하면 장바구니라는 뜻이죠.

그 요리는 맛있지만, 비싸지 않습니까?

그 요리는 맛있다입니다 지만, 높지 않습니까?

문장 뒤에 오는 か카는 '~입니까?' 같은 의문 표현을 나타내는데,
が가는 역접의 의미로 '~지만'이라는 뜻입니다.

그에게 중요한 것은 자신의 이익이 아니었습니다.

그에게 중요한 것은 자신의 이익이 아닙니다이었습니다.

'중요하다'를 의미하는 重要な쥬우요오나를
비슷한 표현인 大事な다이지나나 大切な타이세츠나로 바꿔 쓸 수 있습니다.

이런 색깔이 있는 귀마개는 어때?

이런 칼라풀한 귀마개는 어떻다?

추울 때 쓰는 귀마개뿐만 아니라,
소음을 막아주는 소음 방지 귀마개도 イヤーマフ이야-마후라고 합니다.

386

카노죠와 텐케에테키나 아루화가-루쟈 나캇타?

彼女は 典型的な アルファガ-ルじゃ なかった?

387

아레와 푸라스칫쿠오 카코오시테 츠쿳타 / 카구데와 아리마센.

あれは プラスチックを 加工して 作った / 家具では ありません。

388

멘제에텐데 한카치오 캇타 / 히토와 다레데스카?

免税店で ハンカチを 買った / 人は 誰ですか?

389

힛치하이쿠데 료코오시타 / 히토와 다레닷타?

ヒッチハイクで 旅行した / 人は 誰だった?

390

고고 산지니 쳇쿠아우토다.

午後 3時に チェックアウトだ。

그녀는 전형적인 알파걸 아니었어?

그녀는 전형적인 알파걸이 아니었다?

현재 긍정 반말 표현은 ~だ~다였습니다.
과거 긍정 반말 표현은 ~だった~닷타였죠. 과거 부정 반말 표현은 なかった나캇타라고 합니다.

저것은 플라스틱을 가공해서 만든 가구가 아닙니다.

저것은 플라스틱을 가공해서 만들었다 / 가구가 아닙니다.

일본어로 '플라스틱'을 プラスチック푸라스칫쿠라고 합니다.
알루미늄은 アルミニウム아루미니우무 혹은 アルミ아루미라고 합니다.

면세점에서 손수건 산 사람은 누구입니까?

면세점에서 손수건을 샀다 / 사람은 누구입니까?

손수건을 영어로 handkerchief이라고 합니다.
이것을 일본식으로 발음하면 ハンカチーフ한가치-후 인데, 짧게 줄여서 ハンカチ한카치라고 합니다.

히치하이크로 여행한 사람이 누구였지?

히치하이크로 여행했다 / 사람은 누구였다?

誰다레는 '누구'라는 뜻입니다.
'어느 분'하고 정중하게 표현할 때는 どなた도나타라고 합니다.

오후 3시에 체크아웃이다.

오후 3시에 체크아웃이다.

일본어로 오전은 午前고젠, 오후는 午後고고라고 합니다.

391

카레오 사츠가이시타 / 한닌와 와타시데스.

彼を 殺害した / 犯人は 私です。

392

코오카노 시라바스와 시라나이 / 모노 다라케닷타.

工科の シラバスは 知らない / もの だらけだった。

393

탄죠오비 푸레젠토오 모랏테 우레시이데스.

誕生日 プレゼントを もらって 嬉しいです。

394

토모다치오 코로시타 / 사츠가이 도오키와 난데스카?

友達を 殺した / 殺害 動機は 何ですか?

395

소노 비데오와 「라이온 킨구」쟈 아리마센데시타.

その ビデオは 「ライオン キング」じゃ ありませんでした。

그를 살해한 범인은 접니다.

그를 살해했다 / 범인은 나입니다.

私와타시는 가장 폭넓게 쓰이는 '나'입니다.
일본어에는 1인칭 대명사(나)가 많이 있는데, 무난하게 어디에서나 쓸 수 있는 게 私와타시입니다.

공과의 강의 계획서는 모르는 것투성이였다.

공과의 실러버스는 모르다 / 것 투성이였다.

だらけ다라케는 '~투성이'라는 뜻입니다.
주로 명사의 바로 뒤에 붙어서 '물투성이', '피투성이' 같은 표현을 만듭니다.

생일 선물을 받아서 기쁩니다.

생일 선물을 받아서 기쁘다입니다.

'생일'을 일본어로는 誕生日탄죠오비라고 합니다.
직역하면 '탄생일'입니다.

당신이 친구를 죽인 이유는 무엇입니까?

친구를 죽였다 / 살해 동기는 무엇입니까?

일본어로 질문하는 법은 아주 간단합니다. 문장의 마지막에 か?카?를 붙이는 것이죠.
반말은 の?노?를 붙이거나 말끝을 조금 올려주면 됩니다.

그 비디오는 「라이온 킹」이 아니었습니다.

그 비디오는 「라이온 킹」이 아닙니다이었습니다.

ない나이와 ありません아리마센은 '없다'와 '아니다'라는 뜻을 모두 가지고 있습니다.
문맥이나 조사를 보고 '없다'인지 '아니다'인지 구분해야 합니다.

396

키미와 푸로 야큐우데 오오엔시테 이루 / 치-무 나이?

君は プロ 野球で 応援して いる / チ-ム ない?

397

마이니치 오나지 메뉴데스.

毎日 同じ メニューです。

398

앗푸루파이노 이치반 쥬우요오나 자이료오와
신센나 린고데스.

アップルパイの 一番 重要な 材料は 新鮮な りんごです。

399

키오쿠소오시츠와 도라마니 요쿠 데루 / 뵤오키쟈 나이?

記憶喪失は ドラマに よく 出る / 病気じゃ ない?

400

아레와 우츄우센카라 힌토오 에테 데자인시타 / 콧푸데시타.

あれは 宇宙船から ヒントを 得て デザインした / コップでした。

너는 프로야구에서 응원하는 팀 없어?

너는 프로 야구에서 응원하고 있다 / 팀 없다?

君는 きみ키미 혹은 くん쿤이라고 합니다. きみ키미라고 하면 '너'라는 2인칭 대명사고, くん쿤이라고 하면 '~군'이라고 성이나 이름의 뒤에 붙는 호칭입니다.

매일 같은 메뉴입니다.

매일 같음 메뉴입니다.

な나 형용사가 명사를 꾸며줄 때는 '~な + 명사'의 형태가 되는데, 同じ오나지는 예외적으로 '同じ + 명사'의 형태로 사용합니다.

애플파이의 가장 중요한 재료는 신선한 사과입니다.

애플파이의 가장 중요한 재료는 신선한 사과입니다.

사과를 일본어로는 りんご린고라고 합니다.
수박은 すいか스이카, 복숭아는 桃모모, 딸기는 いちご이치고라고 하죠.

기억상실은 드라마에 자주 나오는 병 아냐?

기억상실은 드라마에 잘 나오다 / 병이 아니다?

병은 우리말에서는 그냥 병病이라고 하죠. 일본어로는 病気뵤오키라고 하는데, '병에 걸리다', '병이 나다'는 病気 に なる뵤오키 니 나루라고 합니다.

저것은 우주선에서 힌트를 얻어 디자인한 컵이었습니다.

저것은 우주선부터 힌트를 얻어 디자인했다 / 컵이었습니다.

일본어로 '컵'은 カップ캇푸 혹은 コップ콧푸라고 합니다.
カップ캇푸는 머그잔처럼 손잡이가 있고, コップ콧푸는 종이컵같이 손잡이가 없습니다.

의문문 만드는 법

일본어에서는 카か?를 붙이면 의문문이 됩니다.

기초 일본어 과정에서는 보통 의문문에 대해서 위와 같이 배웁니다. 그리고 이것은 의문문에 대한 매우 적절한 설명이죠. 우리말의 의문문에서 '까?'를 붙이는 것과도 비슷하므로 이해하기 쉽습니다.

警察です。	케에사츠 데스.	경찰입니다.	평서문
警察ですか?	케에사츠 데스카?	경찰입니까?	의문문
警察でした。	케에사츠 데시타.	경찰이었습니다.	평서문
警察でしたか?	케에사츠 데시타카?	경찰이었습니까?	의문문

하지만 카か가 과연 의문문의 전부일까요?

사실 일본어의 의문문에는 카か 대신에 노の가 붙기도 합니다. 그런데 이상한 것은 카か와 노の가 동시에 붙기도 한다는 점입니다. 다음과 같이 말이죠.

警察じゃないか?	케에사츠 쟈 나이 카?	경찰이 아닌가?
警察じゃないの?	케에사츠 쟈 나이 노?	경찰이 아닌 거야?
警察じゃないのか?	케에사츠 쟈 나이 노카?	경찰이 아닌 건가?

이처럼 의문문의 형태가 자유로운 이유는 의문문의 형태가 따로 없기 때문입니다. 그저 끝을 올려 말하면 의문문이 됩니다. 다음과 같이 말이죠.

警察じゃない。	케에사츠 쟈 나이.	경찰이 아니다.	평서문
警察じゃない?	케에사츠 쟈 나이?	경찰이 아니야?	의문문
警察じゃない。	케에사츠 쟈 나캇타.	경찰이 아니었다.	평서문
警察じゃない?	케에사츠 쟈 나캇타?	경찰이 아니었어?	의문문

꼭 카か 따위를 붙여야만 의문문이 되는 것은 아닙니다. 그렇다면 카か와 노の는 어떤 역할을 하는 것일까요? 이것들은 종조사입니다.

종조사란?

1. 문장 끝에 붙일 수도 있고, 안 붙일 수도 있다.
2. 의미를 바꾸지는 않지만, 느낌을 전달하기 위해 사용한다.

우리말에도 종조사와 유사한 '보조사'라는 개념이 있습니다.

경찰입니다.
경찰입니다만,
경찰입니다요.

여기에서는 우선 의문형 종조사 노の와 카か에 대해서만 배워보겠습니다.

종조사는 기본적으로 말하는 사람 마음대로 사용하는 표현입니다. 따라서 그저 자유롭게 사용할 수만 있으면 그만입니다. 하지만 의문형 종조사 노の와 카か의 경우에는 약간의 주의사항이 있습니다.

1 존댓말에서는 카か만을 사용합니다.

警察ですか?	케에사츠 데스 카?	경찰입니까?
食べますか?	타베 마스 카?	먹습니까?
来ますか?	키 마스 카?	옵니까?

2 존댓말 데스です의 의문형을 만들 때는
데스です?에 카か를 붙여 데스카ですか?로 사용합니다.

警察ですか?	케에사츠 데스 카?	경찰입니까?
警察でしたか?	케에사츠 데시타 카?	경찰이었습니까?
寒いですか?	사무이 데스 카?	춥습니까?
寒かったですか?	사무캇타 데스 카?	추웠습니까?

3 반말에서는 주로 노の?를 사용합니다.

寒いの?	사무이 노?	추운 거야?
食べるの?	타베루 노?	먹는 거야?
するの?	스루 노?	하는 거야?

※ 카か를 사용할 수는 있지만 지나치게 거친 표현이 되므로 사용하지 않는 것이 좋습니다.

4 반말에서는 노카のか?를 사용할 수도 있습니다.

寒いのか?	사무이 노카?	추운 건가?
食べるのか?	타베루 노카?	먹는 건가?
するのか?	스루 노카?	하는 건가?

※ 대답을 기대하기보다는 혼잣말에 더 가까운 뉘앙스를 줍니다.

5 반말의 명사 바로 뒤에서는 노の가 아니라, 나노なの를 사용합니다.

警察なの?	케에사츠 나노?	경찰인 거야?

'하'라고도 읽고 '와'라고도 읽는다

우리말에는 글자마다 발음이 정해져 있습니다.
'아'라고 쓰여 있으면 항상 '아'라고 읽고,
'어'라고 쓰여 있으면 항상 '어'라고 읽지요.

일본어도 마찬가지입니다. 글자마다 발음이 정해져 있어서, 모르는 단어라도 카나를 읽을 수 있다면 발음할 수 있습니다. 다만, 다음과 같은 예외가 있습니다.

は 하 또는 와

여기 히라가나로 쓰인 2개의 단어가 있습니다. 그리고 2개 단어 모두 は 하 자를 포함하고 있죠. 그런데 이 중에서 하나는 は 하 를 '하'라고 읽지 않고 '와'라고 읽습니다. 왜 그런 것일까요?

こくはく	코쿠하쿠	고백
おれは	오레와	나는

おれは 오레와 의 は 와 는 조사이기 때문입니다. 나를 의미하는 おれ 오레 뒤의 は 와 는 '는'을 의미하는 조사입니다. 조사로 쓰일 때의 は 하 는 예외적으로 '하'가 아니라 '와'로 읽습니다.

원칙 : 하로 읽는다.	おはよう	오하요오	안녕
	はがき	하가키	엽서
예외 : 조사일 때만 와로 읽는다.	きみは	키미와	너는
	あれは	아레와	저것은

へ 헤 또는 에

여기에도 히라가나로 쓰인 2개의 단어가 있습니다. 그리고 2개 단어는 모두 へ 헤 자를 포함하고 있죠. 그런데 이 중 하나는 へ 헤 를 '헤'라고 읽지 않고 '에'라고 읽습니다. 왜 그런 것일까요?

へいわ	헤에와	평화
みなみへ	미나미에	남쪽으로

は 하 와 마찬가지로, へ 헤 가 조사로 쓰일 때 그렇습니다. へ 헤 가 '~로'라는 방향을 가리키는 조사로도 사용될 때, '헤'가 아니라 '에'라고 발음합니다.

원칙 : 헤로 읽는다.	へび	헤비	뱀
	こうへい	코오헤에	공평
예외 : 조사일 때만 에로 읽는다.	まえへ	마에에	앞으로
	うみへ	우미에	바다로

읽어보세요!

히라가나 한 글자를 2가지 이상의 음으로 읽는 경우

1	は	원래는 '하', 조사로 사용될 때는 **'와'**라고 읽는다.
2	へ	원래는 '헤', 조사로 사용될 때는 **'에'**라고 읽는다.
3	っ	촉음 っ, 뒤에 오는 글자에 따라 발음이 달라진다.
4	ん	발음 ん, 뒤에 오는 글자에 따라 발음이 달라진다.
5	く + さ 사 행	く 쿠 가 ㄱ 받침이 된다.

조사의 3가지 예외 규정

조사는 명사 바로 뒤에 붙여 사용합니다. 다음과 같이 말이죠.

오렌지 를 고른다.
명사 조사

여기서 를이 바로 조사입니다. 를은 일본어로 を 오 라고 합니다.

オレンジ を 選ぶ。 오렌지 오 에라부.
명사 조사

비슷한 문장을 하나 더 보겠습니다.

오렌지 를 좋아한다.
명사 조사

를이 다시 등장했네요. 하지만 이번에는 を 오 가 아니라 が 가 를 사용하는군요.

オレンジ が 好きだ。 오렌지 가 스키다.
명사 조사

어째서 조사 を 오 와 が 가 를 섞어서 사용하는 것일까요?
그 이유를 알려주는 오 / 가 / 니 법칙을 정리해보겠습니다.

첫 번째 예외

를 = 오 / 가 / 니 법칙

を 오 ~을 / 를을 일본어로 하면 일반적으로 を

が 가 좋아하다, 잘한다, 못한다, 할 수 있다 앞에서는 が

に 니 타다, 닮다 앞에서는 に

を오

우선 오 / 가 / 니 법칙 중 가장 기본이 되는 を오 를 연습해보겠습니다.
조사 を오 는 우리말의 조사 ~을 / 를과 의미가 유사합니다.

オレンジを 選ぶ。 오렌지를 고른다.
오렌지오 에라부.

オレンジを 食べる。 오렌지를 먹는다.
오렌지오 타베루.

が가

이번에는 오 / 가 / 니 법칙 중 が가를 연습해보겠습니다.
が가는 좋아하다, 잘한다, 못한다, 할 수 있다 앞에 사용하는 조사입니다.
조사 が가가 사용된 4가지 예문을 통째로 외워봅시다.

フランス 料理が 好きだ。 프랑스 요리를 좋아합니다.
후란스 료오리가 스키다.

フランス 料理が 上手 です。 프랑스 요리를 잘합니다.
후란스 료오리가 죠오즈 데스.

フランス 料理が 下手 です。 프랑스 요리를 못합니다.
후란스 료오리가 헤타 데스.

フランス 料理が できます。 프랑스 요리를 할 수 있습니다.
후란스 료오리가 데키마스.

읽어보세요!

が 가

が 가 는 우리말의 조사 이·가와 같은 표현이며 발음도 유사합니다. 그렇다면 が 가 는 원래 어떻게 사용하는 표현일까요? 예시를 한 번 봅시다.

오렌지가	크다.
オレンジが	大きい。
오렌지가	오오키이.

오렌지가	맛있다.
オレンジが	おいしい。
오렌지가	오이시이.

이렇게 사용되던 が 가 가 조사의 예외 규정으로 好きだ 스키다 앞에서는 ~를 이라는 의미로 사용됩니다. 따라서 이런 표현도 만들어볼 수 있습니다.

오렌지	가 (원래 용법)	오렌지	를 (を 대신 사용)	좋아한다.
オレンジ	が	オレンジ	が	好きだ。
오렌지	가	오렌지	가	스키다.

に 니

마지막으로 오 / 가 / 니 법칙 중 に 니 를 연습해보겠습니다.

地下鉄に	乗る。	지하철을 타다.
치카테츠니	노루.	

母に	似る。	엄마를 닮다.
하하 니	니루.	

두 번째 예외

랑 = 토 / 니 법칙

と 토 ~랑을 일본어로 하면 일반적으로 と

に 니 만나다 앞에서는 に

と 토

토 / 니 법칙 중 가장 기본이 되는 と 토 를 연습해보겠습니다.
조사 と 토 는 우리말 조사 ~랑과 의미가 유사합니다.

桜井さんと 사쿠라이산토	遊ぶ。 아소부.	사쿠라이 씨랑 놀다.
桜井さんと 사쿠라이산토	勉強する。 벤쿄오스루.	사쿠라이 씨랑 공부하다.

に 니

이번에는 토 / 니 법칙 중 に 니 를 연습해보겠습니다.
만나다 앞에서는, と 토 가 아닌 に 니 를 조사 ~랑의 의미로 사용합니다.

桜井さんに 사쿠라이산니	会う。 아우.	사쿠라이 씨랑 만나다.

세 번째 예외

가 = 가 / 니 법칙

が 가 ~가를 일본어로 하면 일반적으로 が

に 니 ~되다 앞에서는 に

が 가

가 / 니 법칙의 が 가 는 우리말 조사 ~가와 의미가 유사합니다.

友達が 토모다치가	結婚する。 켓콘스루.	친구가 결혼하다.
友達が 토모다치가	待つ。 마츠.	친구가 기다리다.

に 니

되다 앞에서는, が 가 가 아닌 に 니 를 조사 ~가의 의미로 사용합니다.

友達に 토모다치니	なる。 나루.	친구가 되다.

읽어보세요!

に 니

그렇다면, に 니 는 원래 언제 사용하는 표현일까요? に 니 는 우리말의 조사 ~에게 와 같은 표현입니다. 예시를 한 번 볼까요?

7시에 일어나다.
7時に 起きる。
시치지니 오키루.

친구에게 편지를 쓰다.
友達に 手紙を書く。
토모다치니 테가미오카쿠.

に 니 는 일부 표현의 앞에서 다양한 의미로 사용됩니다.

に 니

- ~을/를
  - 似る 니루 닮다
  - 乗る 노루 타다
- ~랑
  - 会う 아우 만나다
- 가
  - なる 나루 되다

장음과 단음

일본어의 장음은 매우 명확한 규칙을 가지고 있습니다. 앞글자의 모음과 뒤따르는 글자의 모음이 같을 때 장음 현상이 발생합니다. 이때 글자는 두 글자 그대로 쓰고, 발음할 때는 하나의 글자처럼 한 번에 길게 말해주면 됩니다.

が가 + あ아 = 가~

기본적인 5가지 법칙을 아주 간단하게 정리해보겠습니다.

1	ㅏ+아 あ	おかあさん	오카~산	엄마, 어머니
2	ㅣ+이 い	おじいさん	오지~산	할아버지
3	ㅜ+우 う	せんぷうき	센푸~키	선풍기
4	ㅔ+에 え	おねえさん	오네~산	언니, 누나
5	ㅗ+오 お	おおい	오~이	많다

그러나 이렇게 쉬운 장음 법칙에도 주의해야 할 2가지 법칙이 있습니다. 앞글자의 모음과 뒤따르는 글자의 모음이 다른 경우로, 장음이 아닌 것처럼 보이지만 사실은 장음이 되는 경우입니다.

6	ㅔ+이 い	せんせい	센세~ (센세이 X)	선생님
7	ㅗ+우 う	べんとう	벤토~ (벤토우 X)	도시락

카타카나의 장음은 히라가나보다 훨씬 구별하기 쉽습니다. 장음기호 '–'를 사용하기 때문이죠. 따라서 장음기호가 붙은 글자만 길게 읽어주면 됩니다.

1 メニュー 메뉴- 메뉴

2 コーヒー 코-히- 커피

이제 장음인지 단음인지에 따라 의미가 달라지는 경우를 연습해보겠습니다.

おじいさん	오지~산	할아버지
おじさん	오지산	삼촌, 아저씨
いいえ	이~에	아니오
いえ	이에	집
ゆうき	유~키	용기
ゆき	유키	눈
おばあさん	오바~산	할머니
おばさん	오바산	고모, 이모, 숙모, 아주머니
ほしい	호시~	바라다
ほし	호시	별
サッカー	삿카~	축구
さっか	삿카	작가

연탁 현상

테		카미		테가미
手	+	紙	=	手紙
손		종이		편지

手紙 테가미는 手 테와 紙 가미를 합쳐서 만든 복합어입니다. 이 단어는 테와 카미가 결합한 단어인데도, 테카미가 아니라 테가미라고 읽습니다. 이것을 연탁 현상이라고 부릅니다.

연탁 현상이란

1. 한자어와 한자어를 합쳐서 새로운 복합어를 만들 때,
2. 뒤에 오는 단어의 첫 음이 か 카, さ 사, た 타, は 하 행이면,
3. 편의를 위해 청음을 탁음으로 바꾸어 발음한다.

실제로 연탁 현상이 발생하는 예시를 몇 가지 더 알아보도록 하겠습니다.

하이		사라		하이자라
はい		さら		はいざら
灰	+	皿	=	灰皿
재		접시		재떨이

노		하나		노바나
の		はな		のばな
野	+	花	=	野花
들		꽃		들꽃

유키		타마		유키다마
ゆき		たま		ゆきだま
雪	+	玉	=	雪玉
눈		구슬		눈덩이

요코		카오		요코가오
よこ		かお		よこがお
横	+	顔	=	横顔
옆		얼굴		옆얼굴

이때, 탁음으로 변하는 음을 연탁음이라고 합니다.

2개의 단어가 연결되어 있다고 해서 항상 연탁 현상이 일어나는 것은 아닙니다. 연탁 현상이 일어나는 조건은 매우 까다롭습니다. 아래 5가지 조건을 모두 충족해야 합니다. 한 번 살펴볼까요?

조건

1. 복합어 (명사+명사) 이면서,
2. 명사가 명사를 수식하면서,
3. 두 명사 모두 외래어가 아니면서,
4. 뒤에 오는 단어의 첫 음이 か 카, さ 사, た 타, は 하 중 하나이면서,
5. 뒤에 오는 단어에 탁음이 없는 경우.

연탁 현상의 조건은 위와 같이 매우 복잡합니다.

게다가 예외도 무척 많아서 5가지 조건을 모두 충족하고도 연탁 현상이 발생하지 않는 경우도 많습니다. 반대로 5가지 조건을 충족하지 않았음에도 연탁 현상이 발생하기도 합니다. 그러므로, 5가지 조건을 암기하려고 하지 마시기 바랍니다. 이해만 해도 충분합니다.

い 형용사의 명사화

우리는 앞에서 な나 형용사에 대해서 배웠습니다. 그 내용 중에는 な나 형용사가 생긴 이유에 대한 이야기도 있었죠. な나 형용사의 탄생 과정을 한 마디로 줄여 설명한다면 다음과 같은 동기 때문이었다고 할 수 있습니다.

그렇다면 당연히 반대의 생각도 있을 수 있겠죠. 다음과 같이 말입니다.

우리말에서 형용사를 명사로 만들 땐 어간에 'ㅁ'을 붙이면 되죠.

따뜻한 / 따뜻하다 → 따뜻함

더운 / 덥다 → 더움 (명사)

이제 본격적으로 형용사를 명사로 바꾸는 방법에 대해 배워보려 합니다. 하지만 이 방법은 온전히 い이 형용사에만 해당합니다. 그 이유는 な나 형용사의 경우 똑같은 의미의 명사가 이미 있기 때문입니다.

그러니까 い이 형용사를 명사로 바꾸는 방법만 알면 되겠죠?

い이 형용사를 명사로 바꾸려면 い이를 さ사나 み미로 바꿔주어야 합니다. 그렇다면, さ사와 み미의 차이는 무엇일까요?

さ 사	눈에 보이는 것	형상, 크기, 길이, 속도, 색깔, 재질
み 미	눈에 보이지 않는 것	감정, 맛, 정도

이제 기준에 따라 예시를 살펴보도록 하겠습니다.

高い	타카이	→	高さ	타카사	높다	→	높이
長い	나가이	→	長さ	나가사	길다	→	길이
楽しい	타노시이	→	楽しみ	타노시미	즐겁다	→	즐거움
痛い	이타이	→	痛み	이타미	아프다	→	아픔

물론, 이 위의 예시가 절대적인 것은 아닙니다. 高い타카이를 高み타카미로 명사화하거나, 楽しい타노시이를 楽しさ타노시사라고 명사화하는 경우도 있습니다. 그러니까 형용사를 명사화할 때는 상황이나 뉘앙스에 따라 さ사와 み미를 잘 구분해서 써야 합니다. 예시를 통해 알아볼까요?

高い 타카이	→	高さ 타카사	높이	객관적인 수치로 알 수 있는 높이 Ex 빌딩의 높이, cm 혹은 m 등의 정확한 높이
		高み 타카미	높은 곳	주관적으로 비교해서 알 수 있는 높이 Ex 주변보다 높은 곳, 주변보다 높은 위치
楽しい 타노시이	→	楽しさ 타노시사	즐거움	객관적인 즐거움 Ex 사실이나 상황에 따른 즐거움
		楽しみ 타노시미	즐거움	주관적인 즐거움 Ex 기대, 취미, 낙에서 오는 즐거움

수사

0 레에 れい	1 이치 いち	2 니 に	3 산 さん	4 시/욘 し/よん	5 고 ご
10 쥬우 じゅう	11 쥬우 이치 じゅう いち	12 쥬우 니 じゅう に	13 쥬우 산 じゅう さん	14 쥬우 욘 じゅう よん	15 쥬우 고 じゅう ご
20 니쥬우 にじゅう	21 니쥬우 이치 にじゅう いち	22 니쥬우 니 にじゅう に	23 니쥬우 산 にじゅう さん	24 니쥬우 욘 にじゅう よん	25 니쥬우 고 にじゅう ご
30 산쥬우 さんじゅう	31 산쥬우 이치 さんじゅう いち	32 산쥬우 니 さんじゅう に	33 산쥬우 산 さんじゅう さん	34 산쥬우 욘 さんじゅう よん	35 산쥬우 고 さんじゅう ご
40 욘쥬우 よんじゅう	41 욘쥬우 이치 よんじゅう いち	42 욘쥬우 니 よんじゅう に	43 욘쥬우 산 よんじゅう さん	44 욘쥬우 욘 よんじゅう よん	45 욘쥬우 고 よんじゅう ご
50 고쥬우 ごじゅう	51 고쥬우 이치 ごじゅう いち	52 고쥬우 니 ごじゅう に	53 고쥬우 산 ごじゅう さん	54 고쥬우 욘 ごじゅう よん	55 고쥬우 고 ごじゅう ご
60 로쿠쥬우 ろくじゅう	61 로쿠쥬우 이치 ろくじゅう いち	62 로쿠쥬우 니 ろくじゅう に	63 로쿠쥬우 산 ろくじゅう さん	64 로쿠쥬우 욘 ろくじゅう よん	65 로쿠쥬우 고 ろくじゅう ご
70 나나쥬우 ななじゅう	71 나나쥬우 이치 ななじゅう いち	72 나나쥬우 니 ななじゅう に	73 나나쥬우 산 ななじゅう さん	74 나나쥬우 욘 ななじゅう よん	75 나나쥬우 고 ななじゅう ご
80 하치쥬우 はちじゅう	81 하치쥬우 이치 はちじゅう いち	82 하치쥬우 니 はちじゅう に	83 하치쥬우 산 はちじゅう さん	84 하치쥬우 욘 はちじゅう よん	85 하치쥬우 고 はちじゅう ご
90 큐우쥬우 きゅうじゅう	91 큐우쥬우 이치 きゅうじゅう いち	92 큐우쥬우 니 きゅうじゅう に	93 큐우쥬우 산 きゅうじゅう さん	94 큐우쥬우 욘 きゅうじゅう よん	95 큐우쥬우 고 きゅうじゅう ご

6 로쿠 ろく	7 시치/나나 しち/なな	8 하치 はち	9 큐우/쿠 きゅう/く
16 쥬우 로쿠 じゅう ろく	17 쥬우나나 じゅう なな	18 쥬우 하치 じゅう はち	19 쥬우 큐우 じゅう きゅう
26 니쥬우 로쿠 にじゅう ろく	27 니쥬우 나나 にじゅう なな	28 니쥬우 하치 にじゅう はち	29 니쥬우 큐우 にじゅう きゅう
36 산쥬우 로쿠 さんじゅう ろく	37 산쥬우 나나 さんじゅう なな	38 산쥬우 하치 さんじゅう はち	39 산쥬우 큐우 さんじゅう きゅう
46 욘쥬우 로쿠 よんじゅう ろく	47 욘쥬우 나나 よんじゅう なな	48 욘쥬우 하치 よんじゅう はち	49 욘쥬우 큐우 よんじゅう きゅう
56 고쥬우 로쿠 ごじゅう ろく	57 고쥬우 나나 ごじゅう なな	58 고쥬우 하치 ごじゅう はち	59 고쥬우 큐우 ごじゅう きゅう
66 로쿠쥬우 로쿠 ろくじゅう ろく	67 로쿠쥬우 나나 ろくじゅう なな	68 로쿠쥬우 하치 ろくじゅう はち	69 로쿠쥬우 큐우 ろくじゅう きゅう
76 나나쥬우 로쿠 ななじゅう ろく	77 나나쥬우 나나 ななじゅう なな	78 나나쥬우 하치 ななじゅう はち	79 나나쥬우 큐우 ななじゅう きゅう
86 하치쥬우 로쿠 はちじゅう ろく	87 하치쥬우 나나 はちじゅう なな	88 하치쥬우 하치 はちじゅう はち	89 하치쥬우 큐우 はちじゅう きゅう
96 큐우쥬우 로쿠 きゅうじゅう ろく	97 큐우쥬우 나나 きゅうじゅう なな	98 큐우쥬우 하치 きゅうじゅう はち	99 큐우쥬우 큐우 きゅうじゅう きゅう

100 하꾸 ひゃく
1,000 센 せん
10,000 만 まん
100,000 쥬우 만 じゅう まん

일본어로 숫자 말하기

■ 안에 있는 숫자를 먼저 읽어보자. 이 숫자들을 외우고 나면, 우리말처럼 큰 단위의 수부터 차례대로 읽기만 하면 된다.

■ 안에 있는 숫자들을 따로 외우지 않아도, 숫자를 조합해서 말할 수 있게 되는 것!

25 = 20 + 5
にじゅう ご
니쥬우 고

87 = 80 + 7
はちじゅう なな
하치쥬우 나나